HEINRICH MARTHA PAULA LENCK
WO DER REGENBOGEN DIE ERDE BERÜHRT

D1721760

HEINRICH MARTHA PAULA LENCK

WO DER REGENBOGEN
DIE ERDE BERÜHRT

AUFGESCHRIEBEN NACH GESCHEHNISSEN,
DIE SICH WIRKLICH
ZUGETRAGEN HABEN

2., überarbeitete Auflage 1990

EDITION FISCHER
IM
R. G. FISCHER VERLAG

CIP-Titelaufnahme der Deutschen Bibliothek

Lenck, Heinrich Martha Paula:
Wo der Regenbogen die Erde berührt : aufgeschrieben nach
Geschehnissen, die sich wirklich zugetragen haben / Heinrich
Martha Paula Lenck. – 2. Aufl. – Frankfurt (Main) : R. G.
Fischer, 1990
  (Edition Fischer)
  ISBN 3-89406-197-9

2., überarb. Aufl. 1990
© 1989 by R. G. Fischer Verlag
Wilhelmshöher Straße 39, D-6000 Frankfurt 60
Alle Rechte vorbehalten
Satz: Satz-Service vpa, Landshut
Schriftart: Times 12 / 14´ k
Herstellung: Heinz Spengler GmbH, Frankfurt
Printed in Germany
ISBN 3-89406-197-9

Gewidmet all den Kindern, die, ungeliebt, geprügelt und manchmal auch ausgebeutet, die Zeit des Heranwachsens hinter sich bringen müssen.

Inhaltsübersicht

Über den Inhalt

Diese Geschichte erzählt von der Mühsal und Bitterkeit des Heranwachsens elternloser Kinder während der Zeit des großen Hungers (1945 bis 48).

Unbeschwert, ohne Sorge, ohne Plage und ohne Angst soll sie sein, die Zeit der Kindheit eines jeden Menschen.

Jeder, der den Frevel begeht, aus Bosheit, aus Eigennutz oder aus Gleichgültigkeit aus dieser Zeit das Licht der Sonne zu nehmen, der soll für alle Ewigkeit verdammt sein.

Die Namen von Personen, die in dieser Erzählung vorkommen, wurden geändert. Einige Geschehnisse sind an andere Orte verlegt worden.

Der Autor

Der Trauerkranz

Rumpelnd und zuweilen mit laut quietschendem Geräusch fuhr die Straßenbahn in Richtung Tonndorfer Friedhof (Hamburg-Wandsbek). Das Geschenk, das ich vor mir auf dem Fußboden des Bahnwagens abgestellt hatte, reichte von dort bis an meine Kinnspitze. Bisher hatte meine Mutter, für die das Geschenk war, nicht einmal eine einzige Blume von mir bekommen. Und jetzt war nur noch die Möglichkeit geblieben ihr so etwas oder etwas Ähnliches wie das, was ich ihr jetzt brachte, geben zu können.

In mir kam der Gedanke auf, daß ich dieses Geschenk, diesen Totenkranz, zerfetzen müßte in tausend und abertausend kleine Teile; und ich müßte dann noch zusätzlich auf ihm herumspringen und -treten, bis von ihm nichts mehr übrig war. So etwas – ausgerechnet – mußte ich ihr bringen, und das auch noch, obgleich ich sie viele Jahre lang nicht gesehen hatte. Dort, wohin sie vor langer Zeit von den Gestapo-Leuten gebracht worden war, dort mußte sie sich die Krankheit geholt haben, an der sie nun vor wenigen Tagen gestorben war.

„Wir sind da, Junge", sagte die Frau, die im Straßenbahnwagen hinter mir stand. Sie puffte mir unsanft in die Rippen, so als müsse sie mich zusätzlich aufmerksam machen. „Los, geh!" befahl sie mit ihrer harten und schroffen Stimme, die ich nicht mochte, und schob mich grob von hinten, damit ich mich in Bewegung setzte. Die Straßenbahn fuhr noch, aber um der Frau zu gehorchen, ging ich mit meiner stacheligen Last langsam zu der Stelle vor, an der der Ausgang aus diesem Wagen war. Die rechts und links auf der Bank sich gegenübersitzenden Menschen sahen kaum zu mir auf. Sie waren alle schon sehr lange an Kinder gewöhnt, die Totenkränze trugen.

„Aussteigen", sagte die Frau hinter mir, und auch jetzt wieder vergaß sie nicht, mir einen Stoß in den Rücken zu versetzen.

Ich hob den Kranz mit meinen Händen an und zwängte mich das restliche Wegstück zum Ausgang; dann verließ ich die nun zum Stehen gekommene Straßenbahn.

Die Frau war auch ausgestiegen. „Hier entlang, Junge", befahl sie streng, „und trag den Kranz mal etwas ordentlicher".

„Er ist zu groß", erwiderte ich, „so, wie ich ihn jetzt habe, kann ich ihn am besten tragen."

„Unsinn", schimpfte sie „man legt sich nicht einen Trauerkranz um den Leib, als trüge man eine Schärpe um seinen Körper. Ein Glück nur, daß deine arme Mutter nicht mehr sehen kann, wie du damit umgehst."

In mir wuchs der Zorn auf diese Frau, weil sich ihr ganzes Gehabe und ihr Reden so anhörte, als ob irgend etwas an mir zu erkennen war, was meiner Mutter nicht gefallen könnte. Sie kann sich nicht vorstellen, wie eine Mutter ist, dachte ich. Bei der zuhause sind bestimmt keine Kinder. Wenn ich auch nur ein paar Tage bei der wohnen sollte, würde ich schnellstens verschwinden! Ich mochte nicht die Art, wie sie mit mir umging; und ihre harte Stimme mochte ich schon gar nicht!

Sie hatte Ähnlichkeit mit der strengen Tante aus Teterow. Besonders ihr Leib war so geformt wie der von dieser Tante, die sich damals so sehr darüber beklagt hatte, daß die Gestapo-Männer meine Mutter mit dem Schild um den Hals ausgerechnet durch die Stadt getrieben hatten, in der die Tante geboren worden war.

Ich wußte auch den Grund dafür, warum ihre beiden Leiber dort, wo die Frauen die Brust haben, so merkwürdig streng aussahen. Sie klemmten morgens nach dem Waschen ihren Bauch in ein ungefähr 30 cm hohes, rosa aussehendes,

14

ziemlich steifes Stoffstück ein. Am Rücken zog einer, der ihnen extra dabei helfen mußte, zwei dicke Bänder mit aller Kraft so weit zusammen, daß ihr Leib teilweise unten und oben aus diesem Würgetuch hervorquoll. Als wenn man von einer Leberwurst die beiden zugebundenen Enden abschneidet und die Wurst in der Mitte kräftig quetscht, genau so quoll statt Leberwurst ihr Körperfleisch oben und unten aus dem Tuch hervor.

Frauen, die so zusammengebunden durch die Welt liefen – die Erfahrung hatte ich schon oft gemacht – waren in der Regel immer streng. Es schien ihnen nichts und gar nichts zu gefallen. An allem, was man tat, hatten sie etwas auszusetzen. Selbst der Artigste der Artigen würde – davon war ich überzeugt – von ihnen noch ständig wegen angeblicher Ungezogenheit gerügt werden. Rannte ich zum Beispiel gerade, dann wollte eine derartig Eingeschnürte, daß ich ruhig und ordentlich – etwa wie ein Großvater – meines Weges ging. Würde ich auf der Erde herumliegen, sollte ich mich mit Sicherheit augenblicklich dann auf meine Füße stellen, wenn so eine an mir vorbeiging.

Ja, ich hatte sehr schlechte Erfahrungen mit allen Frauen gemacht, die ihre Leiber so einquetschten!

Vielleicht lag das daran, so hatte ich dann und wann gedacht, wenn ich wieder an eine solche geraten war, daß sie in ihrem Panzer nicht tief genug atmen konnten. Ich erkannte sie unweigerlich sofort daran, daß bei allen gleichermaßen die Oberseite der Brust steil geradeaus vom Körper wegragte. Deshalb war mir schon oft der Einfall gekommen, sie könnten darauf ein Glas mit Milch oder auch mit Tee abstellen, ohne daß es beim Gehen herunterfiel.

„Wir müssen hier entlang", sagte die, die ich nicht mochte und zu der meine Geschwister und ich Tante sagen sollten. Weitläufig verwandt sei sie mit uns, hatte sie gesagt, und deswegen dürften wir sie ruhig Tante nennen! Dabei

hatten meine Geschwister und ich sie erst gestern das allererste Mal im Leben gesehen! Sie war plötzlich abends bei uns im Hause aufgetaucht und hatte verkündet, daß ich als ältester Junge heute morgen mit ihr zum Friedhof gehen sollte, um Abschied von unserer Mutter zu nehmen.

„Der Friedhof ist gleich hier vorne", sagte die Frau, und dabei zeigte sie mit abgewinkeltem Arm und vorgestrecktem Zeigefinger vor sich in die Richtung, in die wir gingen.

Ich war hinter ihr und schleppte schwer an meinem Kranz. Bei jedem Schritt drückte das Bein, das ich vorsetzte, gegen den Ring aus Tannenzweigen. So konnten seine Schaukelbewegungen mal nach links und dann wieder zur rechten Seite meines Körpers niemals aufhören.

Ich bemerkte, daß der Popo der vor mir gehenden Frau sich, wie mir schien, in einem ganz merkwürdigen Rhytmus auch ständig hin- und herbewegte. Dann fiel mir noch etwas auf, und das paßte natürlich ganz genau zu ihr: Bei jedem Schritt, den sie tat, wackelten ihre Waden. Noch niemals vorher hatte ich gesehen, daß Waden beim Gehen wackeln! Typisch, dachte ich, alles was vollkommen überflüssig ist, das ist natürlich bei der, die da vor mir geht, dran. Als ob Waden wackeln müssen!!

Ich versuchte, an dem um meinen Hals hängenden Totenkranz vorbei und zu meinen Beinen runter zu sehen. Es ging nicht; ich konnte den Kopf nicht weit genug drehen, weil der Kranz mich behinderte. Aber es schien mir wichtig. Jetzt sofort wollte ich wissen, ob auch meine Waden beim Gehen so entsetzlich hin- und herwackelten wie bei der immer noch vor mir gehenden Tante. Ganz hoch hob ich mit beiden Händen den Kranz und kroch mit dem Kopf zurück aus der Lochmitte. Das stachelige Ding stand nun wieder so vor mir, wie es die ganze Zeit über im Straßenbahnwagen während der Fahrt hierher vor mir gestanden hatte.

Ich mußte den Kranz für einen kurzen Augenblick auf das

Straßenpflaster legen, zwei, drei Schritte tun und dabei meine Waden beobachten. Das tat ich und bemerkte, daß auch das hintere Fleisch an meinen Beinen beim Gehen nicht ordentlich ruhig blieb. Aber es wackelte beileibe nicht so stark hin und her wie bei der Tante.

Ich war damit zufrieden. Wie es schien, war hieran ja wohl auch nichts zu ändern. Das bißchen Gewackele, das meine Waden verursachten, war schließlich kaum zu bemerken. An mir war also noch viel weniger als die Hälfte des Anomalen dran wie an der Tante, die Gott sei Dank noch nicht gemerkt hatte, was ich hinter ihrem Rücken gerade trieb.

Die Entfernung zwischen ihr und mir war schon groß geworden. Ich hob deswegen nun schnell den Ring aus zusammengebundenen Tannenzweigen wieder auf und beeilte mich, den Abstand zwischen uns zu verkleinern, bevor sie an mir einen neuen Grund zum Ärgern finden konnte.

Wir hatten schließlich den Friedhof erreicht, schritten durch den Eingang und dann noch ein Stückchen geradeaus. Plötzlich wechselte sie die Richtung; ohne sich umzudrehen, griff sie hinter sich, packte meinen Mantelärmel und lenkte mich so – weil mein Drang war, geradeaus weiterzulaufen – auch in die neue Spur. „Hier entlang", sagte sie noch zusätzlich. Und mit einem halben Stolperschritt war ich dann wieder – ordentlich wie vorher – genau hinter ihr.

„Aber das Haus ist doch da", sagte ich und zeigte dabei mit dem Finger meiner linken Hand auf das, was die Kapelle sein mußte.

„Nein, deine Mutter ist schon beerdigt worden", gab sie mir zur Antwort, „es ging nicht anders."

„Aber warum ist sie denn schon eingegraben worden?" fragte ich, „ich wollte doch von Anfang an bei der ganzen Beerdigung dabeisein."

Das ging nicht, ich hatte keine Zeit, dich zu holen", entgegnete die Frau, „und außerdem bist du ja jetzt hier. Sei froh, daß ich mir diesen Tag dafür genommen habe, schließlich könnte ich jetzt Wichtigeres erledigen. Man ist immer zu gut", fuhr sie dann mit ihrem Reden in der Weise fort, als spräche sie zu sich selbst. „Da kauft man auf seine Kosten einen Kranz, mit dem so ein Bengel dann herumhantiert, als sei das irgendein Spielzeug."

Sie war nun unverhofft stehengeblieben. Anscheinend hatte die Inschrift auf einem Grabstein ihr Interesse geweckt. „Der hier liegt", erklärte sie, „der ist so etwa vor fünf Jahren gestorben, da gabs noch Särge. Wenn der dann auch noch das Glück gehabt hat, in einem guten Eichensarg beigesetzt zu sein, dann ist bei dem da unten noch alles so ziemlich in Ordnung. Die kein Geld haben, werden in Särgen aus einfachem Kiefernholz begraben, und das ist natürlich schon nach kürzester Zeit verfault. Aber nicht einmal das war übrig für deine Mutter. Man beerdigt die Menschen vielfach wegen der Holzknappheit nur noch in Papiersäcken."

„Hier hast du deinen Kranz!" rief ich, kroch mit dem Kopf zurück durch die Lochmitte und warf ihr das Geflecht aus Tanne mit Einsteckblumen vor die Füße. Ich drehte mich um und rannte den Weg zurück, den wir bis hierher zusammen gegangen waren. Zurück auf die Straße lief ich und noch ein ziemliches Stück in die Richtung, aus der ich vorher mit der Frau in der Straßenbahn hergefahren war.

Dorthin werde ich gehen, überlegte ich während meines Davonlaufens, wo eines der Enden des Regenbogens die Erde berührt. So schön wird es da sein, wie ich es einmal in einem Märchenbuch gelesen habe. Meine Geschwister, die ohne Hilfe ganz allein in dem Haus zurückbleiben mußten, in dem meine Mutter vor Tagen gestorben war, würden an Hunger sterben müssen, weil sie außer mir keinen hatten, der für sie sorgen konnte. Aber das war eben so auf dieser Welt, in der ich lebte; so etwas war hier gang und gäbe.

Das weiße Huhn

Nirgends am Himmel war ein Regenbogen auszumachen. Und das war ja auch ganz klar, denn nur dort, wo die Sonne ist und wo zugleich hier und da vereinzelt Regen auf die Erde fällt, da kann sich ein Regenbogen zeigen.

Ich lief nicht mehr, weil es sinnlos war. Es gab kein Entkommen von hier.

Lediglich in einigen Märchen, die ich kannte, gab es Orte, an denen alles schön ist und wo man Lust hätte, leben zu wollen. Oft schon hatte ich mir gewünscht, es möge einen Türspalt geben, durch den hindurch ich mich aus dieser Welt in eines der Märchenländer hinüberschleichen könnte.

Zumindest müßte es so sein, dachte ich, daß jeder, bevor er ungefragt in dieses Leben gesetzt wurde, wenigstens sagen könnte: „Ja, ich will produziert werden" oder „Nein, ich will ein Ei bleiben" oder aus was man sonst geworden war.

Ungefragt aber wurde man regelrecht aus einer Laune heraus von Mann und Frau ins Werden gebracht, zu denen man später einmal Mutter und Vater sagen würde.

Innerhalb von neun Monaten nach dem Tage, an dem die von der Laune Befallenen den Keim zu neuem Leben gelegt hatten, wuchs im Leib der Frau, die später die Mutter des neuen Leben sein würde, ein menschlicher Körper heran. Dann – mit dem Geborenwerden – war man da. Ein paar wenige Baby- und Kleinkindjahre, von denen man aber nicht viel in seiner Erinnerung behielt, wurden dem Neuankömmling auf dieser Welt dann noch zuteil, und später – etwa ab meinem Alter – hieß es: „'Raus aus dem warmen Nest; sieh zu, daß du dich durchschlägst!"

Nein, es war nichts Schönes an dieser Welt. Wäre es möglich, so würde ich mich selbst sofort wieder zu dem machen, aus dem ich geworden war!

19

Ich hatte mich auf die Reste einer zusammengestürzten Hausmauer hingesetzt und grübelte. Wer in diesem Haus wohl früher einmal gewohnt haben mochte? Vielleicht lagen noch einige der ehemaligen Bewohner hier ganz dicht neben mir unter dem Trümmerschutt begraben. Und wenn nicht gerade dicht bei meinem Sitzplatz, dann vielleicht dort drüben. Oder dort, die ganze Straße entlang, aus der ich hergerannt war. Überall waren Trümmer: vor mir, neben mir, hinter mir. Überall darunter konnten tote Menschen liegen. Wer wußte das schon? Man ging einfach auf ihnen herum, so, als sei das ganz normal.

Noch bis vor kurzer Zeit hatte ich immer geglaubt, daß Verstorbene so unversehrt blieben, wie sie am Tage ihres Todes waren. Mit dem Aussehen, das das entflohene Leben den Toten gelassen hatte, würden die Schlimmen in die Hölle fallen und die Guten in den Himmel auffahren.

Dann habe ich eines Tages einen toten und schon in Verwesung übergegangenen Hund gesehen. Ich konnte noch gut erkennen, daß es ein ähnlicher Hund wie Bodo, der Hund meiner Oma, war, der da tot vor mir lag.

Bodo war immer gut zu allen Menschen gewesen, niemals hatte er hinterlistig nach irgendeinem geschnappt. Kaum einen Menschen kannte ich, den ich so sehr mochte wie Bodo. Weil der verfaulende Hund ihm so ähnlich gesehen hatte, hatte ich angenommen, daß auch dieser Hund einmal ein guter Hund gewesen war.

Warum also sollte irgendein Mensch ein größeres Anrecht auf einen Platz im Himmel haben, wo tote Körper vor dem Verrotten geschützt waren, als der vor mir faulende Hund?

„Es ist etwas anders", hatte meine Mutter mir auf meine Fragen geantwortet, als sie noch unter uns war. „Nur die unsichtbare Seele eines Verstorbenen steigt zum lieben Gott in den Himmel auf. Die Körper der Toten dagegen, die bleiben hier auf unserer Erde zurück und vergehen. Kein einziger Mensch aber hat in seinem Leben auch nur den kleinsten Zipfel von so einer Seele zu Gesicht bekommen." Das hatte sie mir gestanden.

Und auch der liebe Gott hielt es nicht für nötig, sich hin und wieder einmal zu zeigen.

In mir war deswegen ein böser Verdacht aufgekommen: Nur zur Beruhigung, um dem Sterben die Endgültigkeit zu nehmen, war vielleicht von jemandem schon vor sehr langer Zeit die ganze Geschichte mit dem lieben Gott aufgebracht worden. Irgend so ein Witzbold wie der, der den Weihnachtsmann und auch den Osterhasen für uns Kinder ins Leben gerufen hatte, könnte dabei seine Finger im Spiel gehabt haben.

Für die Vermutung, daß an meinen Überlegungen etwas dran sein könnte, sprach vieles. Es hatte doch anscheinend keiner Angst vor der ewigen Verdammnis und vor dem, was man für seine hier auf Erden vollbrachten Untaten und Lieblosigkeiten vielleicht so alles in der Hölle zu büßen hätte. Erheblich mehr Nächstenliebe und Güte müßte es doch unter den Menschen geben, wenn alle den Glauben tief und fest in sich trügen. Es war kein Lohn für die zu Lebenszeit auf der Erde dargebrachte Liebe und Güte zu erwarten, das war der umgehende Glaube. Und das allein war der Grund dafür, warum es auf der Welt bei uns so zugeht. Aber auch ich selbst war schon so wie alle, kein bißchen besser war ich!

In meinem Kopf war vorhin der Gedanke aufgekommen, daß ich mich weg von hier – auf und davon – machen sollte. Zu dem Punkt wollte ich laufen, wo der Regenbogen die Erde berührt und wo es – wie in einem Märchen erzählt – ein schöneres Land als das, in dem ich jetzt lebte, geben sollte. Und nur darum, weil es dieses Land in Wirklichkeit nicht gibt, war ich hier geblieben.

Aber ich hatte meine Geschwister, die sich noch nicht

allein helfen konnten, einfach zurücklassen und aufgeben wollen. Ja, sogar mit ihrem Tode durch langsames Verhungern hatte ich gerechnet!

Stück für Stück war sogar ich – ohne es bis jetzt gemerkt zu haben – wie alle die geworden, die ringsherum um mich lebten. Ich war, ohne es selbst zu wissen, auch schon so einer wie der Bauer, der meine Mutter, als sie noch gelebt hat, mit uns vier Kindern an der Hand auf dem Wege von Teterow nach Hamburg von seinem Hof gejagt hatte. Nur ein paar Kartoffeln wollten wir von ihm haben, weil wir alle so einen großen Hunger hatten.

Der Mann hatte uns aber keine einzige Kartoffel gegeben und auch nichts anderes. „Verschwindet!" hatte er laut und wütend geschimpft, „ich brauche meine Kartoffeln selbst!"

Auch noch an andere Türen hatten wir geklopft. Wenn aber einmal einer von denen, die wenigstens ihr Zuhause noch behalten hatten, etwas von seinem Essen abgab, so haben wir dafür bei vielen anderen unser Bittsprüchlein umsonst aufgesagt.

Einmal war fast noch ein ganzes Brot in unserem Gepäck; aber weil wir nicht genug aufgepaßt haben, hat uns einer, der auch hungrig war, in der Nacht, als alle im Lager schliefen, das Brot gestohlen.

Etwas flatterte unter einem Busch, wo nicht mehr so viele Mauerbrocken herumlagen. Ein kleiner Garten könnte da wohl früher einmal gewesen sein, dachte ich. Büsche, wildes Strauchwerk und dazwischen Trümmerbrocken bedeckten überall die Erde. Ich lauschte noch eine Zeitlang von meinem Sitzplatz aus in die Richtung, aus der das Rascheln kam; es war aber nun nichts mehr zu hören.

Noch länger wollte ich nicht mehr auf meinem Mauerstück sitzen bleiben. Ich dachte mir, ich könnte in den Haustrümmern ein wenig herumsuchen. Vielleicht würde ich etwas dabei finden, was noch zu gebrauchen war. Es war noch ein Stück des ehemaligen Kellers stehen geblieben, und darin fand ich ein um alles brennbarem Material beraubtes und deswegen wie nackend aussehendes Motorrad. Es war ganz verrostet. Es machte aber gerade wegen seiner bis auf den Stahl abgenagten Reinheit auf mich den Eindruck, daß ich hier auf etwas ziemlich einfach Wiederherzurichtendes gestoßen war.

Zusammen mit meinem kleinen Bruder wollte ich bald hierher zurückkehren, nahm ich mir vor, um das Gerippe aus dem Keller heraus und auf die Straße zu bringen. Bis zu unserem kleinen Haus, das inmitten der Trümmer stand, mußten wir beide das Rad dann noch schieben.

Im Buschwerk oben, wo es zuvor schon einmal geraschelt hatte, bewegte sich wieder etwas. Vorsichtig, halb geduckt, schlich ich mich dorthin. Und dann sah ich es: Ein weißes Huhn lag unter einem Strauch auf der Seite und zappelte hilflos mit seinen Beinen. Es hat sich verletzt, dachte ich, es kann nicht mehr laufen. Vorsichtig nahm ich es in meine Hände, um mir die Wunde, die es haben mußte, anzusehen. Nichts war zu finden, kein Blut und auch nirgends eine Stelle an seinem Körper, die auf eine ältere Verletzung hinwies.

Ganz unerwartet erholte sich das weiße Huhn dann wieder. Ich setzte es zurück auf die Erde, und ohne Scheu vor mir zu haben, fing es an, sogleich nach Würmern und Käfern zu scharren.

Ein merkwürdiges Huhn ist das, dachte ich. Nirgends war ein Stall oder ein Hühnerauslauf zu sehen; rundherum überall nur Trümmer und weiter nichts, und trotzdem war es hier.

Ich werde es mit nach Hause nehmen, beschloß ich. Es soll bei mir den Platz einnehmen, den Bodo, der Hund meiner Oma, den ich so mochte, eingenommen hätte. Ein Halsband werde ich für mein Huhn machen, so daß es – an einer Leine geführt – genau wie ein Hund mit mir zusammen durch die Straßen spazieren kann. Und die Leute, die nach einiger Zeit nichts Ungewöhnliches daran fänden, daß mein Hund ein weißes Huhn ist, würden sagen: „Seht, da geht Heinrich mit seinem weißem Huhn. Sein Hunger ist sehr groß, er hat schon viele Tage lang nichts gegessen; aber niemals kann sein weißes Huhn in Gefahr geraten, von ihm aufgegessen zu werden, weil seine Liebe immer viel größer sein wird als sein Hunger."

Der goldene Ring

Von weitem schon konnte ich hören, daß meine beiden Schwestern und mein kleiner Bruder sich stritten. Als ich dann um die Ecke bog und die drei mich und mein weißes Huhn bemerkten, trat augenblicklich Ruhe ein.

„Er hat ein Huhn mitgebracht!" jubelte die kleinere meiner Schwestern, „ach, ist das niedlich!"

Alle folgten mir in das Haus. Dort setzte ich das Tier auf den Fußboden. Kreisrund lagen wir dann eine Zeitlang in der Bauchlage um das Huhn herum. Aus der kleinsten Bewegung, die das Tier machte, schien jeder etwas herauslesen zu können.

„Dieses Huhn ist anders als seine Artgenossen", meinten nach und nach alle, nachdem zuerst meiner großen Schwester dieser Umstand aufgefallen war. Als das Huhn ein wenig im Kreis umherlief, wurde abermals von ihr zuerst entdeckt, daß es mehr ein hoheitsvolles Schreiten als ein Laufen war.

„Ab und zu hab ich schon mal ein Huhn gesehen", sagte mein Bruder, „aber es ist wirklich wahr, so wie dieses hier hat sich noch kein anderes hin- und herbewegt."

Dann machte das weiße Huhn viermal hintereinander Gag, Gag, Gag, Gag, und meine kleine Schwester sagte in die staunende Stille, die dananch wieder im Küchenraum war: „Es ist eine verzauberte Prinzessin."

Wir sahen sie zögernd an, und was gerade eben noch bloße Vermutung der kleinen Schwester war, war nun – weil es alle gern wollten – eine Tatsache. Ja, das weiße Huhn war eine verzauberte Prinzessin.

Mein Bruder hatte dann auch augenblicklich die Übersetzung dessen zur Hand, was das Huhn uns mit dem Gackern sagen wollte: „Ich will einen Wurm", hieß das, und deswegen griff sich nun jeder von uns einen Suppenlöffel und machte sich damit auf den Weg nach draußen.

Wir scharrten und gruben mit Hilfe der Eßlöffel in der Erde herum, aber es fand sich weder ein Wurm noch sonst ein Getier, das wir unserem Huhn geben konnten. Bis in die tiefsten Tiefen der Erde — so erschien es mir — hatten die Bomben, die die Häuser zerstört hatten, alles Leben für immer und für alle Zeiten im Erdreich ausgelöscht. Wir beschlossen, dem Huhn etwas von unserem kargen Essensvorrat abzugeben.

Einige Krümel von unserem letzten, schon recht klein gewordenen Brot gruben wir mit den Fingern an der Schnittfläche heraus.

Nur der, der einmal in seinem Leben über eine lange Zeit Tag für Tag quälenden Hunger in seinen Gedärmen verspürt hat, wird nachempfinden können, wie bedrohlich ich damals den Umstand empfunden habe, daß ein Brotlaib sich jeweils nach dem Absäbeln einer Scheibe unaufhaltsam verkürzt.

Unser Stückchen Brot, und das war alles, was wir an Eßbarem im Hause hatten, war schon etwa auf ein Drittel seiner ursprünglichen Länge geschrumpft. Daher legte ich es auch trotz des Jammerns der beiden Kleinen, ihnen doch — genau wie dem Huhn — ein wenig davon zu geben, sofort wieder nach ganz oben in das Kleiderschrankfach zurück.

„Du bist ganz gemein", beklagte sich daraufhin die Kleinste; aber durch die Schützenhilfe der anderen Schwester, die den beiden kleinen Geschwistern erklärte, daß dieses unser allerletztes Essen sei, wurden sie schließlich wieder friedlich.

„Wenn ihr wollt, könnt ihr alle mitkommen und mein Motorrad holen", sagte ich. „Dort, wo ich das weiße Huhn gefunden habe, an dem Ort habe ich auch ein Motorrad entdeckt."

Mein Bruder war sofort begeistert und wollte mit mir gehen, die beiden Mädchen aber nicht. Die Schwestern ver-

sprachen, gut auf das Huhn aufzupassen, und so machten wir Jungens uns auf den Weg, das Motorrad aus den Trümmern zu bergen und es dann hierherzuschaffen.

Im Bummelschritt, hier und dort einen Abstecher über andere Trümmergrundstücke einlegend, erreichten wir nach einer kleinen Weile unser Ziel. Dann wälzten wir mit vereinten Kräften Mauerbrocken weg, die die Räder des Motorrades ringsherum eingekeilt hatten. Es war eine schwere und lange Arbeit.

Als wir das verrostete Ding schließlich mit all der in uns schlummernden Stärke etwa zwei Meter weit bewegt hatten, taten sich vorher nicht bedachte neue Widerstände auf. Es ging bergauf, weil ein Kellerfußboden nun einmal unter der Linie liegt, auf der vor einem Haus das Gras wächst. Trotz der allergrößten Anstrengung war es uns für diesen Tag nicht gelungen, das Motorrad auch nur etwa fünf Meter von dem Punkt fortzubewegen, an dem es von der Hamburger Feuersbrunst nach der Bombardierung so total sauber gebrannt worden war.

Wir waren beide erschöpft und sehr hungrig.

Wir gaben vorerst einmal unseren Plan auf und machten uns, abgekämpft und enttäuscht wegen des nicht in die Tat umgesetzten Vorhabens, auf den Heimweg. Der Tag ging auch schon dem Ende entgegen, und bald würde es dunkel werden.

Als wir unser Haus erreicht hatten und um die Hausecke bogen, um zur Eingangstür zu gelangen, da sahen wir beide sie gleichzeitig: Die Frau, die mit mir heute Morgen in der Straßenbahn zum Friedhof gefahren war und die vorgab, für uns so etwas wie eine Tante zu sein, stand mit bedrohlich aussehendem Gesicht im Türrahmen. Das Huhn hielt sie mit ihrer rechten Hand an dessen Beinen, daß der Kopf des Tieres nach unten zeigte. Kaum noch mit Leben erfüllt, bewegte das Huhn verzweifelt seine Flügel. Seine mehr als kümmerliche Gegenwehr war jedoch aussichtslos. In jedem einzelnen dicken Finger der Frau schien mehr Kraft zu stecken, als jemals im ganzen Körper des Huhnes gewesen war.

„Was machen Sie da mit meinem Huhn?" fragte ich entsetzt und trat der Frau mutig gegenüber.

„Hab' mal nicht so einen frechen Ton an dir", erhielt ich zur Antwort, „aus dem Huhn wird eine Suppe gekocht."

Für einen kurzen Augenblick kam in mir der Gedanke auf, daß sie, sobald das Huhn von ihr verspeist worden war, einen nach dem anderen von uns abholen würde und wir dann alle nach und nach in ihrem dicken Leib verschwinden könnten.

„Sie weiß nicht, daß das weiße Huhn in Wirklichkeit eine verzauberte Prinzessin ist; und sie hat aus dem Schrank Mamas Fingerring mitgenommen", krähte meine kleine Schwester – durch mein Verhalten der Frau gegenüber auch mutiger geworden – hinter dem Rücken der Tante hervor.

„Ja, den Ring habe ich genommen", sagte die Frau, „was wollt ihr auch damit, der geht bei euch sowieso verloren."

Mit drei raschen Schritten war ich bei ihr, zu der wir Tante sagen sollten und die ich mit jeder verflossenen Stunde, seit sie uns unter die Augen gekommen war, für unwürdiger hielt, derartig angesprochen zu werden. Nur schwer und auch nur ab und zu hatte ich mich bis jetzt überwinden können, dann und wann widerwillig und fast gequält meinem Mund für sie das Wort Tante zu entlocken. Ich entriß ihr mit einem mutigen Entschluß die Stofftasche, die sie in der linken Hand hielt und lief damit in die uns umgebenden Trümmer.

Die Frau hatte das Huhn losgelassen und stürzte mit wütendem Geschrei hinter mir her.

Gegen die Behendigkeit, mit der ich gemsenartig über die Mauerbrocken sprang, bewegte sie sich geradezu wie ein Walroß. Nur einige Meter war sie mir schwerfällig auf einen größeren Trümmerhaufen gefolgt, dann gab sie auf. Etwa 10 Meter voneinander getrennt, standen wir uns gegenüber, ich oben auf der Spitze des Berges, sie unten inmitten kleinerer Steinbrocken.

Die Frau schimpfte mit sich überschlagender Stimme, drohte mir mit den allerschlimmsten Strafen und schien jeden Augenblick zu zerbersten. Trotzdem habe ich da oben auf dem Trümmerberg so lange in ihrer Stofftasche gesucht, bis ich ihn in meinen Händen hielt. Es war der goldene Ring, den mein Vater meiner Mutter einmal an den Finger gesteckt hatte, als sie sich für immer und ewig Treue gelobten. So hat es meine Mutter mir erzählt.

„Hier!" rief ich, „sieh diesen goldenen Ring, sieh, was ich damit mache!"

Der Mund der Frau war halb geöffnet, sie war ganz ruhig, und Erstaunen war in ihrem Gesicht zu sehen, als ich den Ring mit größter Kraftanstrengung so weit hinein in die Trümmerfelder warf, wie ich nur konnte.

„Dieser Ring hat meiner Mutter gehört, und höchstens mein Vater darf ihn haben und sonst kein anderer Mensch!" schrie ich.

Aus mir heraus kam kein Schrei, der nur der Wut über das Tun dieser Frau entsprang, sondern es war ein Herausschreien meiner totalen Hilflosigkeit und des Ausgeliefertseins meiner Geschwister und mir. Es war mir, als müßte ich alle Kraft, die in meinem Körper war, in meinen Schrei hineinlegen, so daß der Himmel, die Hölle und alles, was dazwischen lag, meine Klage hören konnte.

Kaffeesuppe

Die Frau, zu der wir Tante sagen sollten, war am gestrigen Abend ohne das Huhn, aber mit ihrer Stofftasche wieder gegangen. Sie hatte noch eine ganze Zeit wütend geschimpft und mir und den Geschwistern gedroht, uns allesamt und sonders in die Erziehungsanstalt bringen zu lassen. Dann aber, weil keiner von uns etwas dagegen gesagt hatte, hatte sie aufgegeben und war weggegangen.

Den restlichen Brotknust hatten wir Kinder uns später geteilt und auch dem ziemlich erschöpften Huhn davon noch einige Krümel abgegeben. Als es dunkel wurde, gingen wir schließlich alle ins Bett.

Seit meine Mutter tot war, hatten wir einen zusätzlichen Platz in unseren beiden Betten. Nun konnten jeweils zwei von uns ihre Glieder in einem Bett ausstrecken. Das Huhn hatte ich zu meinen und meines Bruders Füßen auch auf das Bett gehoben. Es wollte aber dort nicht bleiben und hüpfte wieder herunter, um sich dann selbst im dunklen Zimmer irgendwo ein eigenes Plätzchen zu suchen.

So verbrachten wir alle die Nacht. Am nächsten Morgen kroch einer nach dem anderen aus dem Bett, und gleich stellte sich das Reden, Necken und auch Herumstreiten wegen dieses und jenes wieder ein, ohne das es zwischen uns niemals abging.

Es war nichts mehr zum Essen da. Und so nahm ich das aus dem Fach des Kleiderschrankes heraus, was uns zu guter Letzt noch geblieben war, etwas Mischkaffeextrakt in einer Blechdose. Und ich hatte einen Einfall: Wenn ich über diesen dunkel und grobkörnig aussehenden Kaffee heißes Wasser gießen würde und dann den Aufguß statt in Trinkbechern in tiefen Suppentellern auf den Tisch brächte, könnte sich bei uns allen vielleicht ein Sättigungsgefühl einstellen, weil wir den Kaffee ja nicht trinken, sondern wie wirkliche Suppe löffeln würden.

Es war sehr mühsam, den alten Kohleherd mit den halbfeuchten Zweigen und Holzstücken, die wir täglich überall in der Gegend zusammen sammelten, soweit warm zu bekommen, daß das Wasser im Topf schließlich ein wenig zu dampfen anfing.

Für den Aufguß müßte das reichen, beschloß ich, denn das Holz war auch schon wieder verbraucht. Wäre das Aufgußwasser wärmer, würden die Geschwister sowieso nur solange über ihre Teller und gefüllten Löffelmulden pusten, bis jeder gefahrlos die warme Kaffeesuppe in sich hineinlöffeln könnte. Vier tiefe Teller, alle bis zur Hälfte aufgefüllt mit schwarzbraun aussehendem Kaffeewasser standen dann auf dem Tisch, und ich rief zum Essen.

Alle kamen sofort erwartungsvoll herbei, denn sie hatten großen Hunger. „Igitt", sagte die Kleinste, als sie sah, was ich als Frühstück da aufgetragen hatte. Sie und auch die größere Schwester wollten wissen, was das von mir Gekochte sein sollte. Alle weigerten sich, auch nur einmal davon zu probieren.

„Das ist Kaffee", sagte mein kleiner Bruder schlau, „den muß man aus Tassen trinken; aus Tellern ißt man Suppe oder Kartoffeln."

„Nein", widersprach ich, „das hier ist Kaffeesuppe, und die wurde schon immer und ewig aus tiefen Tellern gegessen. Kaffee dagegen, den trinkt man natürlich aus Tassen."

Ich hatte diesen Unsinn von mir gegeben, mich dabei an den Tisch gesetzt und angefangen die Flüssigkeit in mich heineinzulöffeln. So gleichmütig tat ich dabei, als hätte ich schon über viele Jahre lang pro Woche mindestens einmal so eine Suppe verspeist.

„Er ist verrückt geworden", sagte die große Schwester

kopfschüttelnd, „nun wird es ganz schlimm für uns alle, nichts zu essen und dann noch einen Verrückten im Haus", klagte sie.

„So etwas Blödes hätte Mama nie gemacht", entrüstete sich mein Bruder, und auch die Kleinste meckerte dazwischen und sah mich vorwurfsvoll an.

„Also gut", sagte ich und gab damit auf. „Es ist Kaffee, und Kaffeesuppe hat es bis heute wohl noch niemals vorher auf der ganzen Welt gegeben. In unserem Schrank ist aber kein einziger Krümel Brot mehr, und auch nichts anderes ist mehr da. Deswegen muß jeder von uns nun versuchen, hieran satt zu werden." Sehr zögernd haben sich daraufhin alle zu mir an den Tisch gesetzt und mit Widerwillen das dunkle Wasser in sich heineingelöffelt.

Weil der Hunger trotzdem in unseren Bäuchen blieb, machte ich den Vorschlag, mich dorthin zu begeben, wo die Bauern auf dem Lande lebten. Da gab es noch was zu essen. In manchen Orten bei den Bauern war nicht mal eine einzige Bombe vom Himmel gefallen. Das hatte ich mit meinen eigenen Augen gesehen, als wir zusammen mit unserer Mutter auf dem Wege von Teterow nach hier dann und wann auch durch Dörfer gekommen waren. Ich hatte manchmal gedacht, daß einige, die so gut davongekommen waren, vielleicht gar nicht wußten, daß Krieg gewesen war.

Schon damals hatten wir an den Türen der Bauern hier und da um etwas zu essen gebeten. Viele von ihnen hatten sich aber äußerst geizig gezeigt. Ich hoffte, daß sie sich inzwischen geändert hatten.

„Komm bald zurück", sagte meine große Schwester, als ich mich dann nach kurzer Zeit, nachdem wir uns noch wegen dieses und jenes beraten hatten, auf den Weg machte. Auf das weiße Huhn wollten sie alle gut aufpassen, hatten sie mir versprochen.

So ging ich beruhigt, weil sie sich auch während meiner

Abwesenheit gut betragen wollten, mit einem unter den Arm geklemmten Jutesack in die Richtung, in der der große Bahnhof liegen mußte.

Stolz fühlte ich in mir, weil ich genauso von meiner Familie weggegangen war, um etwas zum Leben herbeizuschaffen, wie ein Mann es zu tun hatte.

Der tote Soldat

Viele Stunden war ich mit meinem Sack unter dem Arm immer weiter und weiter gegangen. Dann und wann hatte ich einen Menschen, der mir begegnete, gefragt, ob ich mich noch auf dem richtigen Weg zu dem Bahnhof befand, von dem die Züge zu den Bauern auf das Land fuhren.

Hin und wieder mußte ich einen anderen Weg einschlagen, weil ich durch das Gewirr der vielen Trümmerstraßen, durch die ich ging, immer wieder weit von der Richtung abkam, in die die von mir Befragten ihre Arme und Zeigefinger ausgestreckt hatten.

Schließlich waren meine Beine müde geworden. So beschloß ich, mich vorerst einmal auszuruhen. Ich war gerade vor einem Haus angekommen, von dem noch ein Rest heil geblieben war; dort ging ich hinein, um mir ein schönes Ruheplätzchen zu suchen.

Eine arg zerstörte Treppe ohne Geländer, ohne eine stützende Wand und oben ohne durchgehende Fußbodenverbindung zu der Wohnung führte – von Trümmern eingerahmt – nach oben. Vorsichtig und ständig damit rechnend, daß die Treppe unter mir zusammenstürzen könnte, stieg ich langsam aufwärts.

Ein großes Stück des ehemaligen Fußbodens im ersten Stock des Hauses war eingebrochen; ich mußte einen Sprung machen, um über den zwischen Treppenpodest und Hausflurboden gähnenden Abgrund hinweg auf das noch verbliebene Fußbodenstück zu gelangen. Als ich nach dem Sprung aufsetzte, hatte ich das Gefühl, daß der Beton unter mir durchgefedert war und jeden Augenblick abbrechen und zusammen mit mir krachend in die Tiefe stürzen würde. Aber er hielt.

Ich betrat durch die offene Wohnungstür den Flur des

34

Hauses. Trümmerschutt von eingebrochenen Zimmerwänden lag wie eine für mich aufgerichtete Sperrmauer vor mir. Ich überkletterte die Mauerbrocken und kam rechts an einem Raum vorbei, der einmal die Küche gewesen war. An dem Kohlekochherd und an den zusammengefallenen Küchenmöbeln konnte ich das deutlich erkennen.

Nun stand ich vor der Tür, die sich am Ende des Flurs befand. Sie war unverschlossen und ging ganz leicht nach innen auf, als ich mit meiner Hand dagegen drückte. Ein Bettgestell ohne Matratzen, ein Nachtschrank und ein rotbrauner zerissener Stoffsessel waren in dem Raum, und in dem Sessel saß ein Soldat. Sein Kopf war tief auf seine Brust herabgesunken. Beide Arme hingen an den Außenlehnen des Sessels auf den Fußboden herab. „He", sagte ich, „Hallo", aber er bewegte sich nicht. Ich ging auf ihn zu und berührte seine Schulter. Als er plötzlich haltlos zur Seite fiel und ich zutiefst erschrocken, mit einem Aufschrei dorthin zurücksprang, wo ich vorher gestanden hatte, wußte ich, daß er tot war.

Es gruselte mich besonders deswegen, weil ich nun eine Seite des wie blutleer aussehenden Gesichtes von ihm sehen konnte. Ich drehte mich herum, rannte zurück durch die Tür und riß sie so heftig hinter mir zu, daß ich glaubte, sie würde aus der Füllung heraus brechen. Ich hastete stolpernd dorthin, woher ich gekommen war. Wegen meiner großen Eile beim Zurückspringen auf das Stück Treppenpodest wäre ich fast daneben gelandet und in die Tiefe gestürzt. Aber es war gut gegangen, und ich war unten wieder heil angekommen. Ich machte schnell, daß ich von dort wegkam!

Ich bin ziemlich lange gerannt, um möglichst ein großes Stück Weg zwischen mich und das Gruselhaus zu bringen. Dann habe ich Seitenstiche vom schnellen Laufen bekommen und bin deswegen wieder langsamer gegangen.

Das Bild des toten Soldaten wollte einfach nicht vor

meinen Augen verschwinden. Selbst wenn das ganze Fleisch, was an ihm dran ist, weggefault sein wird, dachte ich, wird sein Gerippe allein die Uniformjacke und Hose so ausbeulen, als ob noch ein Mensch dort im Trümmerhaus in seinem Sessel sitzt.

Die Verdammnis des Empfindens

An dem Tag, an dem ich auf den toten Soldaten traf, bin ich noch ziemlich lange gegangen und erst ganz spät nachmittags am Bahnhof angelangt. Ich befragte dort mehrere Leute, von welchem Bahnsteig und wann der Zug abfahren würde, der mich zu den Bauern aufs Land bringen sollte. Einige sagten, sie wüßten die genaue Abfahrtszeit nicht, aber den Bahnsteig, den könnten sie mir zeigen. Andere wieder kannten die Abfahrtszeit, aber von welchem Gleis, das konnten sie mir nicht sagen. So hatte ich schließlich herausbringen können, daß ich erst am nächsten Morgen meinen Weg zu den Bauern fortsetzen konnte.

Da meine Beine von dem langen Marsch ziemlich erlahmt waren, setzte ich mich zunächst einmal in eine Ecke des Bahnhofsgebäudes. Stunde um Stunde saß ich da auf meinem Jutesack und blieb auch die Nacht über dort.

In meinem Bauch war ein ganz schlimmes Hungergefühl. Deswegen mußte ich mich wieder und wieder erheben und umhergehen. Der Hungerschmerz aber ließ sich dadurch auch nicht vertreiben.

Die Kühle der Nacht war unangenehm zu spüren, und darum nahm ich nach einem erneuten Hungergang wieder meinen alten Platz in der Halle des Bahnhofs ein. Ich kroch mit den Armen aus den Ärmelhüllen meiner Jacke und legte die Arme wie ein Pharao gekreuzt unter der Jacke vor meine Brust. Nun senkte ich mich langsam in die Knie ab und verhüllte so mit dem Jackensaum auch ein kleines Stück meiner Beine. Den Jutesack unter den Füßen, schlief ich schließlich in dieser hockenden Stellung ein.

Immer wieder erwachte ich, weil mein Körper derart in sich zusammengefaltet, das Bedürfnis anmeldete, sich anständig ausstrecken zu müssen.

Etappenweise, mal wach, dann wieder für eine kurze Zeit schlafend, verbrachte ich schließlich die Nacht. Es wurde sehr laut um mich herum, und ich erhob mich. Wie ein naß gewordener Hund schüttelte ich instinktiv meinen Körper, um die feuchte Kälte, die an mir zu kleben schien, endlich wieder loszuwerden. Dann schlüpfte ich mit meinen Armen zurück in die Ärmelhüllen der Jacke, ordnete meine Kleider und nahm den Jutesack vom Boden auf.

Es war noch sehr früh, der Tag war gerade erst erwacht. Mehr und mehr Menschen mit ihren Gepäckstücken tauchten auf. Ganz plötzlich war ein großes Gedränge da. Auf das Gleis zu, an dem der Zug in der Frühe eintreffen sollte, bewegte sich nun die stark angewachsene Menschenflut. Plötzlich lief der Zug ein, und augenblicklich wurde das Schieben und Hasten der Menschen bedrohlich rücksichtslos. Einer drängte den anderen ohne Erbarmen beiseite, um für sich selbst und für seine Angehörigen zuerst einmal den Weg freizubekommen. Am Gleis war es für mich vollkommen aussichtslos, an dem Kampf um einen Platz in einem der Abteile teilzunehmen. Mit meiner geringen Kraft und der noch viel zu schwachen Einsatzmöglichkeit meiner Ellbogen wurde ich weit abgedrängt, fast bis auf die andere Bahnsteigseite.

Ich suchte schließlich nach einer anderen Möglichkeit, mit diesem Zug mitgenommen zu werden. Entweder wie damals von Güstrow nach Teterow auf dem Puffer des letzten Zugwagens oder wie andere zu reisen pflegten, draußen auf dem Trittbrett. Vielleicht auch zwischen den Kupplungen der einzelnen Wagen – irgendwie würde ich mit diesem Zug mitfahren, das wußte ich. Ich ließ die Leute also, ohne mich daran zu beteiligen, um die Plätze im Innern der Wagen raufen und wartete geduldig ab.

Die Schlacht war schließlich beendet, als in keinem einzigen Bahnwagen auch nur noch der geringste kleine Frei-

raum geblieben war. Wie Heringe in Dosen waren die Rei-
sewilligen eingepfercht und, damit hinter dem letzten die Tür
zugeschlagen werden konnte, mußten mehrere Menschen
von außen kräftig dagegen drücken.

Nun war meine Zeit gekommen. Blitzschnell eroberte ich
mir auf einer der Trittstufen vor einer gerade zugedrückten
Tür meinen Platz. Ein großer Mann und eine Frau, die mit
einem schwarzen Kopftuch ihre Haare verhüllt hatte, besetz-
ten sofort nach mir rechts und links von meinem Stehplatz
den noch freien Teil der Stufe. „Du, mein Junge, gehörst ja
an sich hinein in einen der Wagen", sagte der Mann. Und
die Frau mit dem Kopftuch fand es rückichtslos von den
Menschen, einem kleinen Jungen hier draußen die Fahrt zu-
zumuten, während erwachsene Männer im Innern der
Wagen sichere Plätze besetzt hätten. Ich bin kein kleiner
Junge mehr, dachte ich, sie irrten sich alle beide ganz ge-
waltig. Ich wußte schon viel und hatte auch schon so
manches gesehen; viel mehr wußte ich von der Welt und dem
Leben als jeder der beiden wohl vermutet hätte. Mit Worten
reagierte ich aber nicht auf ihre Feststellung. Erwachsene
hatten sowieso fast immer etwas dagegenzusetzen. Was also
sollte ich mich mit den beiden herumstreiten?

Ich hatte dem wie eine Leibbinde um meinen Körper ge-
schlungenen Jutesack gerade dadurch zusätzlichen Halt
gegeben, daß ich rundherum um mich einen Teil des Sackes
in meinen Hosenbund drückte, als der Zug plötzlich losfuhr.
So wie die vielen, die wie ich nur noch hier draußen ein
Plätzchen gefunden hatten, sprang ich schnell auf den Tritt.

Rasch wurde die Fahrt schneller und immer schneller.
Genau wie damals, als ich die Reise auf dem Puffer des
letzten Wagens verbracht hatte, flogen Häuser oder was
davon noch heil geblieben war, Straßen, Brücken und
schließlich Felder und Bäume an mir vorbei. Damals aller-
dings, kam es mir nun in den Sinn, da hatte ich die Eisen-

bahnfahrt unbeschwert von allen Pflichten genießen können. Es hatte nicht die Bürde auf mir gelegen, dorthin zurückkehren zu müssen, von wo ich morgens abgefahren war. Auch die Sorge, die ich mir jetzt machen mußte, ob es mir wohl gelingen könnte, etwas Eßbares für meine wartenden Geschwister herbeizuschaffen, hatte mich damals nicht bedrückt.

Der Fahrtwind strich mir über das Gesicht, und ich hatte das Gefühl, als ob meine Wangen, meine Nase und auch die Ohren mehr und mehr vereisten.

Eine geraume Zeit war der Zug schon gefahren, als er schließlich wieder langsamer wurde. Wir schienen im nächsten Augenblick wohl auf einem Bahnhof anzuhalten. Ja, so war es denn auch, größer und größer wurde der zeitliche Abstand zwischen dem Dumdum, Dumdum, Dumdum, das von den Rädern gleichmäßig und beständig zu hören war. Nach einem längeren Quietschen und einem anschließenden Stoß, der den ganzen Zug erschütterte, war unsere Reise vorerst beendet. Fast alle Trittbrettfahrer sprangen auf das Pflaster des Bahnsteigs, dann öffneten sich einige Abteiltüren und entließen diejenigen, deren Fahrt hier endete.

Auch hier nahmen sofort neue Reisewillige die freigewordenen Plätze ein.

„Komm, Junge", sagte der Mann, der während der Fahrt neben mir gestanden hatte, „es geht wieder los". Wie alle anderen sprangen auch wir beide nun auf den anfahrenden Zug.

Die volle Reisegeschwindigkeit war auch jetzt wieder schnell erreicht. Da zwischen meinem Platznachbarn und mir eine gewisse Vertraulichkeit entstanden war, vergrub ich meinen Körper tief in seinem Mantel, um dem Fahrtwind weniger Angriffsfläche zu bieten. Er wehrte mich nicht ab und legte mir sogar noch zusätzlich die freie Hand auf den Kopf, um mir noch mehr Schutz zu bieten.

„Klammere dich gut an, mein Junge", brüllte er mir dann ins Ohr, nahm seine Hand von meinem Kopf weg und hielt sie jetzt waagerecht vor meine Brust.

Ein ungeheurer Luftsog entstand, als ein Gegenzug auf dem angrenzenden Schienenstrang vorbeidonnerte. Und durch diesen Krach, dieses Sausen und Zischen hindurch hörte ich ganz kurz nur einen schrillen Schrei. Trotzdem wußte ich augenblicklich, daß ein Unglück geschehen war. Der andere Zug verschwand langsam in der Ferne, und das bedrohliche Getöse war wieder dem rhytmischen Dumdum, Dumdum gewichen.

„Es ist etwas passiert!" rief ich gegen den Fahrtwind dem Mann zu. Der nickte mit dem Kopf und bestätigte: „Ja, Junge, etwas Schlimmes ist geschehen. Es hat einen vom Tritt gerissen. Für den ist jetzt alles zu Ende."

Der Zug raste weiter durch das Land, der Mann legte erneut seine Hand wie zum Schutz über meinen Kopf, und das war alles.

Man ist nur Fleisch und Knochen, total ohne jeden Wert ist man, dachte ich. Solange man lebt, kann sich so ein Fleisch-Knochenstück herumbewegen, und dann, wenn das Leben aus einem heraus ist, verfault es wie hier zwischen den Schienen. Hat man Glück, so wird man von denen, die einen gemocht haben, feierlich begraben. Ein paar Blumen und vielleict auch noch ein oder zwei Kränze aufs frische Grab gelegt, zeigen all denen, die vorbeigehen, daß dort, wo die Blumen und die Kränze liegen, einer in die Erde gebracht worden ist, den zumindest einige gemocht hatten, als er noch unter ihnen gelebt hatte.

Von dort aus, was an so einem Fleisch-Knochenstück als Kopf bezeichnet wird, erfolgt die Steuerung der Arme, der Beine und von dort wird es auch möglich gemacht, zu sehen und zu denken. Aber auch Empfindungen, die vielfach sehr hinderlich sind werden in so einem Kopf geboren.

Wäre in mir zum Beispiel so eine lästige Empfindung nicht, dann könnte ich einfach solange geradeausfahren, wie ich wollte. Ich hätte keine Pflicht, Brot für meine Geschwister herbeischaffen zu müssen. Nur durch diese Weichheit, dieses lästige Mitgefühl für andere, sind Menschen dazu verdammt, immer und ständig für die, die wir mögen, mehr zu tun und zu wagen als für uns selbst. Ablegen können müßte man diese Empfindung dachte ich, damit man frei ist.

Der Mann hatte die Hand von meinem Kopf genommen.

Ein neuer Bahnhof war in Sicht. Aus meinen Gedanken erwacht, konnte ich erkennen, daß wir in eine ländliche Gegend gekommen waren. Der Zug wurde langsamer und stoppte dann schließlich. Genau wie die Kopftuchfrau und der Mann, der vor mir gestanden hatte, war auch ich vom Tritt heruntergesprungen, als der Zug noch nicht ganz angehalten hatte.

„Willst wohl auch hamstern gehen?" fragte der Mann mich, und ich nickte zustimmend mit dem Kopf. „Wenn du Lust hast, gehen wir zusammen", sagte er darauf, und ich willigte ein. So zogen wir denn also zusammen los – aus dem kleinen Bahnhof hinaus, über den Vorplatz und dann dorthin, wo in der Ferne die Häuser des Dorfes auszumachen waren.

Mundraub

Das Dorf, in das mein Reisebegleiter und ich gekommen waren, war nicht sehr groß. Weit auseinander gelegen, standen da vielleicht fünfzehn Häuser mit Schuppen, Scheunen und sonstigen Bauten. Schon an drei Türen hatten wir vergeblich geklopft und um etwas zu essen gebeten. An der ersten Tür hatte uns eine Frau mit den Worten abgewiesen: „Wir sind selbst froh, wenn täglich etwas in unseren Tellern und Tassen ist, abzweigen können wir davon nichts!" Der ältere Mann, der uns am Eingang des nächsten Hauses angehört hatte, wollte nur „Zug um Zug" – so hatte er sich ausgedrückt – etwas herausgeben. „Tauschsachen müßt ihr mir bringen", hatte er gesagt, „dann kann man darüber sprechen, ob ich Speck, Brot oder Kartoffeln übrig habe."

Nur durch einen schmalen Spalt der Haustür hatte die Frau zu uns herausgesehen, als wir vor dem dritten Haus unsere Bitte um etwas Eßbares von uns gegeben hatten. Sie hätte heute schon anderen Hamsterern Brot und auch Wurst gegeben, und damit sei es fürs erste genug, hatte die Frau gesagt und vor uns die Tür wieder geschlossen.

Beide waren wir mit noch immer nichts Eßbarem in unseren Händen ein Stück die Dorfstraße entlang gegangen, und nun standen wir vor dem vierten Haus dieses Ortes.

„Hier bekommen wir was, Junge", sagte der Mann zuversichtlich, „das habe ich so im Gefühl."

Wir gingen durch den großen Vorgarten und klopften auch gegen diese Haustür. Ziemlich schnell war eine alte Frau zur Stelle, die sofort wußte, was wir wollten. „Zu essen möchtet ihr was haben", sagte sie. Es kommen jeden Tag mehr aus der Stadt zu uns, und jedem sollen wir etwas geben. Ihr könnt nur ein paar Kartoffeln von mir bekommen, mehr ist mir wirklich nicht möglich."

„Das ist gut", erwiderte mein Begleiter, mit ein paar Kartoffeln sind wir schon zufrieden."

Die Frau ließ uns an der offenen Tür stehen, ging eilig zurück über den langen Flur ihres Hauses und verschwand dann eine Zeitlang in einem der ganz hinten liegenden Räume. Mit einem Eiseneimer, der zur Hälfte mit Kartoffeln gefüllt war, kam sie dann nach einer kleinen Weile zurück.

Ich wickelte mir den Jutesack vom Bauch, und die Frau schüttelte den halben Anteil ihrer Spende dort hinein. Für den Mann, der nichts bei sich hatte, worin er die Kartoffeln transportieren konnte, holte sie ein Tuch, in das die restlichen Kartoffeln aus dem Eimer eigewickelt wurden. Wir bedankten uns und verließen die nette alte Frau.

„So kann es gehen", sagte mein Begleiter sehr zufrieden, „immer wieder trifft man doch noch auf einen Menschen, der für die, die gar nichts haben, ein Herz hat!

Ich hatte mir aus meinem Sack eine Handvoll Kartoffeln genomen, davon den größten Teil in meiner rechten Jackentasche verstaut und putzte nun, während wir nebeneinander hergingen, nach und nach die eine nach der anderen an den Aufschlägen meiner Jacke sauber, wie ich es mit einem Apfel auch getan hätte, bevor ich in ihn hineinbeißen würde. Heißhungrig füllte ich mir dann mit den Kartoffeln meinen vor Hunger schmerzenden Magen.

„Dein Hunger muß ja ganz gewaltig sein", meinte der Mann; und er schien erstaunt darüber zu sein, daß ich die Kartoffeln einfach so wegputzte, roh und sandig wie sie waren.

„Heute, letzte Nacht, und dann noch gestern den ganzen Tag habe ich nichts zu essen gehabt", erwiderte ich. „Meine Geschwister haben seither auch nichts essen können, wir hatten nur noch Kaffee, aus dem ich vor dem Weggehen für uns alle eine Kaffeesuppe gemacht habe."

Auf sein Verlangen, ihm nun doch einmal von Anfang an zu berichten, woher ich eigentlich genau käme und wieso ich überhaupt so allein über das Land zog, erzählte ich ihm meine Geschichte.

Schon geraume Zeit vorher hatte er mir den Kartoffelsack abgenommen und sich die Last zusätzlich noch auf die eigene Schulter geladen.

„Hier hinein", sagte er jetzt und lenkte mich zur Tür eines großen Bauernhauses. Mit seiner zur Faust geballten Hand pochte er gegen die Glasscheibe der Haustür. Ein Mann kam und fragte nach unserem Begehren.

„Für den Jungen brauche ich Milch und Brot", sagte mein Begleiter und zeigte dabei mit dem vorgestreckten Zeigefinger seiner Hand auf mich.

„Ja und", entgegnete der Mann, „Brot und Milch will jeder von denen, die hier täglich ankommen. Zeigt mir, was ihr zu tauschen habt", fuhr er dann fort, „umsonst gibts bei mir nichts! „Du verdammter Schweinehund", fuhr mein Begleiter ihn an, „du gibst jetzt auf der Stelle dem Jungen ein paar Scheiben Brot und auch einen Becher Milch, oder ich schlitze dir deinen vollgefressenen Wanst auf!"

Der Mann hatte ganz plötzlich aus der Innenseite seiner Jacke ein großes Messer hervorgezogen und hielt es gegen den Leib des Bauern gerichtet. Der war kalkweiß im Gesicht geworden. Ich wollte mich schnellstens davonmachen, weil ich mit etwas Derartigem nicht gerechnet hatte. Mein Begleiter hielt mich aber am Ärmel meiner Jacke fest und sagte: „Bleib, Junge, ich tue das hier für dich! Du sollst endlich was in deinen Magen bekommen; und auch für deine Geschwister muß dieser Geizhals etwas herausrücken."

Ich wollte nicht, daß er so etwas für mich tat. Der Bauer sollte meinethalben sein Brot und die Milch für sich behalten.

„Los, geh voran", forderte mein Begleiter den wie erstarrt vor uns stehenden Hausbesitzer auf. Der drehte sich

jetzt um und ging dann vor uns her den langen Hauskorri-
dor entlang. Am Ende des Hausflures kamen wir in die
Küche, in der sich eine Frau am Herd zu schaffen machte.

„Jetzt ist es soweit, Else", klagte der Bauer, der sich an-
scheinend wieder von seinem ersten Schreck erholt hatte,
„jetzt dringen die Städter schon mit Gewalt in unsere
Häuser ein."

„Halt dein verdammtes Schandmaul", schimpfte mein
Begleiter, „rück für den Jungen etwas zu essen raus, dann
passiert dir auch nichts!"

Er war im Türrahmen der Küchentür stehengeblieben,
während ich nun, wie verlassen, in der Mitte des Raumes
stand.

„Setz dich, mein Junge", sagte der Bauer und drückte
mich auf den Stuhl, den er unter dem Küchentisch hervor-
gezogen hatte. Er selbst nahm dann mir gegenüber am
langen Holztisch auch einen Platz ein. „Mach für den
Jungen ein paar Scheiben zurecht, Else", befahl er dann der
Frau, die noch immer mit Blickrichtung zu uns, wie erstarrt,
mit zwei Feuerringen des Kohleoffens über dem Schürhaken
in ihrer Hand am Kochherd stand.

Die Frau drehte sich wortlos wieder ihrem Herd zu, fügte
die Ofenringe wieder in die Herdplatte ein und machte sich
dann daran, am Küchenschrank für mich Brotscheiben zu
schneiden. Keiner sagte ein Wort, während sie das tat.
Schließlich kam sie zum Tisch und legte drei auf ihrer Hand-
fläche übereinandergestappelte Stullen, die mit Schmalz be-
strichen waren vor mir ab. Ein Glas Milch, das sie in der
anderen Hand hielt, stellte sie auf die Tischplatte. „Iß",
befahl mir der Bauer, und zögernd begann ich, mir Brot und
Milch einzuverleiben.

Mir war, als hörte jeder der Anwesenden wie ich selbst
die mir überlaut erscheinenden Geräusche meiner Kaube-
wegungen. Neben diesen Kaulauten war nichts anderes in

der großen Wohnküche zu hören. Dann aber räusperte sich die Frau, die wieder zu ihrem Schrank zurückgegangen war und nun dort stand, plötzlich. Dieses Räuspergeräusch empfand ich wie etwas, das in diesem Raum zur Zeit nicht geduldet werden konnte; so etwas mußte jeder Anwesende zu unterdrücken versuchen. Die Frau spürte wohl auch, daß es besser war, ganz leise zu sein und kein Geräusch zu verursachen. Es kam mir sogar so vor, als ob sie einen erneuten Räusperer unterdrückte. Ganz ruhig war es wieder und ich hörte mein Kauen.

„Nun machen Sie dem Jungen noch ein paar Scheiben zurecht, die er seinen Geschwistern mitnehmen kann", sagte mein Begleiter dann plötzlich in die Stille des Raumes. Die Frau sah zu dem Bauern hin, und als dieser mit dem Kopf nickte, fing sie erneut an, von dem Brot Scheiben herunterzuschneiden, um sie dann aus einem Topf mit Schmalz zu bestreichen.

Ich sah zu meinem Begleiter, der noch immer nun aber ohne sein Messer im Türrahmen stand. Sein Gesicht sah nicht mehr so wütend wie am Anfang aus.

Die Frau war inzwischen mit ihrer Arbeit fertig und brachte ein Brotpaket an den Tisch: „Danke", sagte ich mit verschüchterter leiser Stimme, und sie erwiderte ebenso leise: „Bitte."

Es war mir, als schämte sie sich vor mir und als hätte sie erkannt, daß nur ich allein dieses bemerkt hätte. Wenn der Bauer ihr Mann ist, dachte ich, dann ist er bestimmt nicht mehr gut zu ihr, weil seine Liebe schon alt ist und sich abgetragen hat. Alles wird alt und vergeht, auch Liebe.

„Wir gehen", sagte mein Begleiter, indem er meinen Kartoffelsack und sein Tuchbündel vom Fußboden aufnahm. So erhob auch ich mich, nahm mein Paket vom Tisch und folgte ihm zur Tür. Wortlos verließen wir das Haus, und weder der Bauer noch seine Frau folgten uns.

„Wir gehen zum Bahnhof zurück, der Zug muß bald kommen", sagte der Mann, und so machten wir uns zurück auf den Heimweg.

Ein Sarg aus purem Gold

Es war schon tiefe Nacht, und noch immer befand ich mich auf dem Rückweg von meiner Hamstertour, dorthin, wo meine Geschwister mich sicher schon erwarteten.

Der Mann, der mit mir bei den Bauern von Haus zu Haus gezogen war, hatte mir nach durchstandener Rückfahrt mit dem Zug am Hamburger Hauptbahnhof die Hand gereicht, mir alles Gute gewünscht und war dann seiner Wege gegangen.

Einen kleinen Augenblick lang hatte ich einen Trennungsschmerz verspürt, obgleich ich den Mann ja auf der Hinreise zu den Bauern das erstemal gesehen hatte. In der kurzen Zeit war er mir vertraut geworden, weil er etwas abgab, was man nicht sehen kann, was aber trotzdem so wichtig ist wie das tägliche Stückchen Brot und die Milch, die ein Kind braucht, um groß zu werden. Wir hatten auf der Rückfahrt Glück gehabt und uns dicht beieinander einen Stehplatz in einem der Abteile erobern können.

Ja, und nun war er weg, mein Begleiter; genau wie die vielen anderen, die ich gemocht hatte, würde ich den Mann niemals wiedersehen. Es schien so zu sein, als hätte jeder einzelne Mensch eine vorgeschriebene Spur, die er zu gehen hatte und von der kein Abweichen möglich war.

Siegfried, der SS-Mann, den ich gekannt hatte, war auf seiner Spur gegangen, und es schien ihm vorbestimmt zu sein, daß die russischen Soldaten ihn an genau dem und dem Tag fingen.

Meinen Freund, den Russen Igor, mit dem ich in Teterow zusammen gewesen war, hatte die Vorbestimmung vielleicht schon wieder in seine Heimat nach Rußland gelenkt.

Meine Mutter; für sie gab es keine Spur mehr. Sie war tot und lag ohne Schutz in der kalten Friedhofserde. Nicht einmal einen Sarg hatten die Menschen ihr gegönnt, weil wir zu arm waren.

Vielleicht werde ich reich in meinem Leben, steinreich und noch reicher. Einen Sarg aus purem Gold sollte meine Mutter dann von mir haben; einen solchen Sarg, wie ihn vor ihr noch keiner, der gestorben war, gehabt hatte. Kein König und auch kein Kaiser würde jemals in einem solchen Sarg liegen können, wie der, den ich ihr geben wollte.

Aber mein Reichtum würde zu spät kommen; es würde von ihr nichts mehr übrig sein, das dieser Sarg aufnehmen könnte.

„Keiner von euch hat gewußt", sagte ich laut in die Nacht hinein, „daß ich mein ganzes Leben lang für nur einen Pfennig Lohn am Tag schwere Kornsäcke für denjenigen getragen hätte, der meiner Mutter einen Sarg gegeben hätte!"

Sie sollten ihre Dummheit begreifen, dachte ich; alle sollten es wissen, daß ein solcher Geiz sich nicht auszahlte. Deswegen schrie ich es nun lauthals über die im Dunkeln rechts und links des Weges liegenden Haustrümmer: „Ihr hättet mich haben können, ein ganzes Leben lang hätte ich für nur einen einzigen Pfennig täglich gearbeitet, wenn ihr ihr einen Sarg gegeben hättet!"

Es war kein Echo, das aus der Nacht an meine Ohren drang. Ganz andere Worte waren das. „Warum schreist du so, Junge, und was soll das mit dem Sarg"? fragte eine Frau, die mir auf der Straße entgegenkam.

„Es ist nichts", erwiderte ich, „ich will nach Hause gehen, meine Geschwister warten dort auf mich."

„Du gehörst ja aber auch wirklich schon lange in die Federn", sagte die Frau, indem sie ihren Oberkörper nun halb zu mir umdrehen mußte, weil sie während des Sprechens an mir vorbeigegangen war. Mir war, als hörte ich die letzten Worte darum zunehmend leiser, weil sie sich auf ihrer Spur, an die auch sie gefesselt schien, weiter und weiter von mir entfernte. Als ich jetzt zurücksah, war sie schon dort im

50

Dunkel der Straße verschwunden, von wo ich hergekommen war.

Ich legte meinen Kartoffelsack von der einen auf die andere Schulter und ging rasch weiter.

Endlich konnte ich nach langem Marsch in die Straße einbiegen, in der ich vor Tagen schon mit meinem Bruder versucht hatte, das Motorrad aus den Trümmern zu bergen. Ich war nun nicht mehr weit weg von zu Hause, wo ich mich in meinem Bett lang ausstrecken konnte. Noch einmal nahm ich all meine Kraft zusammen, legte den auf der rechten Schulter schwer lastenden Kartoffelsack auf die andere Körperseite und ging etwas hurtiger. Ich war totmüde und heilfroh, als ich endlich das Haus erreicht hatte, in dem wir wohnten. Die Haustür stand offen, und im Innern des Hauses war es noch dunkler als draußen unter dem Nachthimmel. Schon von der Eingangstür her rief ich die Namen meiner drei Geschwister. Sie sollten sich nun sofort die Mägen mit den Brotstullen füllen.

Es antwortete mir keiner, anscheinend schliefen alle sehr fest.

Den Sack mit den Kartoffeln und dem darin befindlichen Brotpaket hatte ich inzwischen auf den Fußboden des Küchenraumes abgestellt. „Hallo, aufwachen!" rief ich nochmals in die Richtung, in der ich unsere beiden Betten wußte: Und gleichzeitig ging ich durch das stockdunkle Haus nach dort. Es rührte sich wieder nichts, und als ich nun vor den Betten stand und mit meinen Händen die Laken abtastete, fand ich beide Schlafstellen leer vor. Ich suchte in der Dunkelheit nach unserer Kerze und einem Streichholz, aber dort, wo beides immer gelegen hatte, konnten meine Finger nichts erfühlen.

Was war geschehen? Warum waren meine Geschwister nicht da und wo war mein weißes Huhn geblieben? Ich ging noch einmal zurück in den Küchenraum und anschließend *auch noch einmal draußen um das ganze Haus. Aber es war nirgends ein Hinweis darauf zu finden, wo meine Geschwister abgeblieben sein konnten, und auch von dem Huhn war weit und breit nichts zu entdecken. Ratlos ging ich zurück ins Haus, schloß hinter mir die Tür und legte mich dann, angezogen, wie ich noch war, auf eines der Betten.*

Ich grübelte noch eine Zeitlang hin und her, wo die beiden Schwestern, der Bruder und das Huhn geblieben sein konnten; endlich war ich nahezu eingeschlafen. Plötzlich hörte ich Geräusche, und ich war schlagartig wieder wach. Angespannt horchte ich mit vor Angst rasendem Herzschlag in die Stille. Da war es wieder, tippelnde Laute waren zu hören, dann – für einen kurzen Moment völlige Stille – und danach erneute Geräusche. Es war etwas im Haus, etwas Geheimnisvolles, Grauenhaftes!

Ich wagte nicht mehr zu atmen. Mein wild pochendes Herz schien jeden Augenblick aus der Brust zu springen, und ich konnte auch nicht mehr schlucken.

Solche Geräusche verursachte nur einer, der Mühe hatte, vorsichtig auf seinen Zehenspitzen zu schleichen, weil es an einem seiner Füße keine Zehen gab.

Der Teufel war zu mir gekommen. Er kannte all meine Gedanken und wußte um das Angebot, das ich auf meinem Weg hierher in die Nacht gerufen hatte. Nun wollte er mich beim Wort nehmen. Noch jetzt, wo meine tote Mutter in der Erde heil und ganz war, würde er mir anbieten, einen Goldsarg für sie bereitzustellen. Statt des von mir in die Nacht gerufenen Angebotes, für einen Pfennig täglich schwere Kornsäcke zu tragen, würde der Teufel von mir meine Seele fordern.

Da, viel näher zu mir heran war er schon gekommen, glaubte ich aus den nun erneuten Geräuschen herauszulesen. In panischer Angst hielt ich die Luft in meinen Lungen zurück und kroch unter meiner Decke immer mehr in mich zusammen. *Jeden Augenblick würde der Satan mir die Zudecke vom Körper reißen, sich durch eine Höllenflamme für den Bruchteil einer Sekunde zeigen und auf Erfüllung meines Angebotes beharren.*

So laut wie der Dampfausstoß einer sich in Bewegung setzenden Lokomotive empfand ich unter meiner Decke das Geräusch als ich die viel zu lange in den Lungen zurückgehaltene Atemluft freigeben mußte, weil ich sonst zu ersticken drohte.

Nur noch Sekunden konnte es dauern, dann war mein Dasein auf dieser Welt beendet. Hier vor meinem Bett wird die Erde sich spalten, und er und ich zusammen werden, begleitet von Donner, Feuer und aus der Erdspalte aufsteigenden Schwefelschwaden, hinabfahren in die ewige Glut des Höllenfeuers.

Ich war doch einmal ein unerschrockener Pimpf gewesen, überholte ein neuer Gedanke die Angst im Kopf, Herz und Körper. Aus dem Waisenhaus war ich weggelaufen, weil ich die Erzieher wegen ihrer Feigheit, die sie gegenüber den einmaschierten Russen an den Tag gelegt hatten, verachtet hatte.

Ständig wollte ich, ohne Angst vor irgend etwas zu haben, kreuz und quer durch die Welt ziehen, das hatte ich mir damals vorgenommen. Und nun war aus mir ein zitterndes Bündel geworden, das sich vor irgendwelchen Geräuschen unter seiner Bettdecke verkroch.

Schon während dieser Überlegung hatte sich mein Körper etwas gestreckt. Ich war unter der Decke wieder länger geworden. Trotz der langsam in mir aufkeimenden alten Unerschrockenheit schlug ich zuerst aber nur den Teil der Zudecke ein ganz klein wenig zurück, die meinen Kopf bedeckte. Bis zur Nasenspitze rollte ich die Decke dann behutsam auf, und so war schließlich schon die Hälfte meines Kopfes ohne Schutz. Angespannt horchte ich in die dunkle Stille des Raumes.

Nichts war zu hören, und deswegen wuchs mein Mut nun wohl noch mehr. Laut, wie Kinder in derartigen Situationen, die Furcht überspielend, zu pfeifen pflegen, pfiff auch ich. Vollkommen unmelodisch, einmal ganz in der höchsten Tonlage und danach wieder in tiefsten Tönen, daß ich sogar meine Kinnspitze mit nach unter herunterzog, ließ ich Pfeiflaute aus mir heraus. Als sich auch jetzt immer noch nichts im Raum regte, befiel mich eine gehörige Portion Tapferkeit.

Ich schlug meine Zudecke vollkommen zurück, stand auf und ging, immer noch unmelodisch vor mich hinpfeifend, langsam durch die dunklen Räume in Richtung Haustür. Unbehelligt erreichte ich sie, faßte mit der einen Hand den Drücker und drehte mit der Anderen den Schlüssel im Schloß herum.

Der Himmel war klar, unzählige Sterne beleuchteten die um unser Haus verstreuten Trümmerberge, als ich durch die geöffnete Tür ins Freie trat. Die Kühle der Nacht wusch den ganzen Rest der Angst aus mir heraus, und ich stellte augenblicklich das Gepfeife ein. Keiner war da, dachte ich, nur ich, ich ganz allein.

Eine Zeitlang stand ich so vor der Tür, sah hinauf zu den Sternen und ging schließlich in das Haus zurück. Ich verschloß die Tür hinter mir, um mich erneut auf der Matratze meines Bettes auszustrecken.

Wie es wohl möglich war, daß die vielen Sterne am Himmel immer an ihrem Platz blieben und was nur brachte sie dazu, so schön zu leuchten.

Es mußte ihn geben, den Gott, dachte ich, und eine Macht schien er zu haben, die auch dem allermutigsten Mann das Geständnis abnötigte, sich davor zu fürchten. Aber warum nur tat er hier auf der Erde nicht endlich etwas Nützliches? Er könnte doch wenigstens veranlassen, daß es den Menschen gutging und daß alle genug zu essen hatten.

Warum übersah er, daß das Haus dieses oder jenes Men-

schen inmitten der Bombenzerstörung, die über unser Land gekommen war, unbehelligt dastand, während meine Familie gleich dreifach geschlagen worden war.

Es war allerhöchste Zeit, daß er erkannte, in diese Ungerechtigkeit ordnend eingreifen zu müssen. Dann, wenn er meine Familie von nun an davor bewahrte, ständig benachteiligt zu werden, dann wollte ich vor seinem Namen das Wort „Lieber" anerkennen, nahm ich mir vor und hoffte, daß Gott hierfür Verständnis haben und nicht gegen mich grollen würde.

Eine neue Mutter und ein Vater, der Eduard heißt

Tief und traumlos war mein Schlaf gewesen. Nun war es wieder Tag geworden. Wie lange ich geschlafen hatte, wußte ich nicht, weil es in unserem Haus keine Uhr gab.

Fast lebte ich schon wieder so wie damals, als ich, von Gerhard, dem SS-Mann, und Hannelore, seiner Freundin, verlassen, allein in der Laube am Teterower See zurückgeblieben war. An die Geräusche der letzten Nacht, die ich im Haus gehört hatte, dachte ich und auch an die Furcht, die bei mir durch das Gehörte ausgelöst worden war.

Ich erhob mich von meinem Nachtlager und durchsuchte nun erst einmal das Haus nach dem, was diese Geräusche verursacht haben könnte. Unter beide Betten sah ich und in unseren Schrank. In der Küche rüttelte ich an dem Tisch und den Stühlen und prüfte so, ob durch ein Hin- und Herwakkeln Geräusche, wie die von mir gehörten, entstehen konnten. Nichts war zu entdecken, bis ich schließlich den Kartoffelsack anfaßte, den ich gestern beim Heimkommen auf dem Küchenfußboden abgestellt hatte. Das im Sack befindliche Brotpaket wollte ich hervorholen, um mir davon eine oder auch zwei Scheiben für mein morgendliches Frühstück zu entnehmen.

Sofort sah ich es, der Sack hatte an der Seite ein Loch. Das war gestern noch nicht da gewesen. Ich griff hinein und fühlte, daß das Brotpaket total aufgerissen war. Als ich es hervorzog, sah ich die ganze Bescherung. Mein Schwarzbrot war fast restlos aufgefressen, und auch an den Kartoffeln, so mußte ich zu meinem Entsetzen erkennen, hatte sich irgendwer gütlich getan. Viele waren halb angenagt, und so manch eine war ganz sicher aus dem Sack verschwunden und im Magen des Diebes gelandet. Natürlich, dachte ich, die Tür des Hauses hatte aufgestanden, als ich gestern spät von meiner Hamstertour hier wieder angekommen war. Irgendein Tier, vielleicht eine Ratte oder sonst ein Nager mit großem Hunger, war schon im Haus gewesen, als ich nach meinem Heimkommen arglos hinter mir die Haustür geschlossen hatte. In der Nacht dann, als alles dunkel und ruhig war, war der Dieb aus seinem Versteck hervorgekommen und hatte von meinen knappen Vorräten gefressen. Vielleicht war er in der Nacht, als ich vor die Tür getreten war, blitzschnell mit sattem Bauch wieder auf die gleiche Weise verschwunden. Auf allen vieren kroch ich durch die Räume und beäugte alle Ecken und Winkel, die sich für ein Versteck eignen könnten. Aber der Strolch war nicht mehr zu finden.

Es war sicher so gewesen. Hinter meinem Rücken mußte der Dieb in der vergangenen Nacht durch die von mir offen gelassene Haustür den Ort seines Schwelgens klammheimlich verlassen haben.

Gerade hatte ich mein vergebliches Suchen nach dem Übeltäter eingestellt, als die Haustür geöffnet wurde. Eine mir unbekannte Frau, die etwa im Alter meiner verstorbenen Mutter sein mußte, betrat das Haus. „Hallo", sagte sie, „da bist du ja, ich war schon gestern ein paar mal hier und habe nach dir gesucht."

Ich hatte mich inzwischen aus meiner Kriechstellung erhoben und sah die Frau an. „Wer sind Sie", fragte ich und aus welchen Gründen haben Sie nach mir gesucht?" „Ja, es ist so", sagte sie „ich bin eine gute Freundin deiner verstorbenen Mutter, aber du kennst mich natürlich nicht."

Sie hat recht, dachte ich, gesehen habe ich sie noch nicht. „Gestern morgen war ich zusammen mit einer Frau von der Fürsorge hier. Ihr Kinder könnt ja unmöglich so ganz allein ohne die Hilfe eines Erwachsenen in diesem Haus weiterleben."

Aha, so eine ist das, dachte ich. Mit einer von der Fürsorge war sie schon hier gewesen, um meine Geschwister und *mich aus dem Haus zu verjagen. Warum ließen sie uns nicht in Ruhe? Vieles, wozu ich keinerlei Lust verspürte und meine Geschwister auch nicht, das wurde mir auf einmal klar, müßten wir wieder tun, sobald ein Erwachsener uns ständig im Auge hatte. Ganz besonders gegen die von der Fürsorge war ich infolge langer Waisenhauserfahrung äußerst mißtrauisch. Das Leben wurde regelrecht eng, sobald man auch nur in die Nähe solcher Leute kam, meinte ich im Laufe der Zeit erkannt zu haben.*

Die Frau hatte schon einiges gesagt, was aber wegen meiner eigenen Überlegungen meinen Ohren entging. Erst jetzt wieder vernahm ich, um was sie sich zu sorgen schien.

„Ihr habt keine Kohlen, nichts zu essen und zu trinken, ja nicht einmal etwas ordentliches anzuziehen, was euch wärmt." sagte sie.

Während ihres Redens hatte die Frau sich einen Stuhl unter dem Tisch hervorgezogen und sich mit dem Gesicht zu mir hingesetzt. „Möchtest du nicht auch sitzen?" fragte sie mich.

Ich verneinte und hielt den zwischen uns liegenden – etwa drei Meter großen – Sicherheitsabstand lieber erst einmal aufrecht. Sie muß meine Vorsicht bemerkt haben, denn sie lächelte nun und sagte, daß ich von ihr und auch von der Frau, die von der Fürsorge gestern mit ihr hiergewesen sei, nichts zu befürchten hätte. „Dein kleiner Bruder ist krank", fuhr sie dann fort. „Er hat Thyphus, die gleiche Krankheit, die deine Mutter gehabt hat und an der sie schließlich auch gestorben ist."

Ich erschrak und vergaß, daß ich der Frau so weit wie möglich vom Leibe bleiben wollte. Drei, vier Schritte war ich instinktiv auf sie zugegangen und fragte ängstlich, wo mein Bruder hingebracht worden war und ob man dort, wo er war, alles für ihn täte, damit nicht auch er in nächster Zeit in die Friedhofserde hinein müßte.

„Es geht deinem Bruder ganz bestimmt schon ein wenig besser", versuchte sie mich zu beruhigen. „Tag für Tag wird er von nun an etwas gesünder. Die Krankheit ist dann eines Tages ganz ausgestanden, und dann kommt er zurück zu euch.

Ihr beruhigendes Reden und die Güte, mit der sie vom „Wiedergesunden" meines Bruders gesprochen hatte, bewirkten, daß mein Vertrauen zu ihr langsam, aber stetig wuchs. Ich nahm den Kartoffelsack von dem Stuhl neben ihr und setzte mich nun doch zu ihr an den Küchentisch.

Um mich im Blickfeld zu behalten, war sie kurz aufgestanden, hatte ihren Stuhl zu mir herumgedreht und sich dann wieder gesetzt. Jetzt erzählte sie mir alles von Anfang an noch einmal, was sich während meiner Abwesenheit hier abgespielt hatte; wo meine Geschwister abgeblieben waren und was sie mit meinem Huhn gemacht hatten.

Sie war eine Jungendfreundin meiner Mutter und hatte durch Zufall von ihrem Tod erfahren. Von unserer Existenz hatte sie gewußt und sich deswegen um unser Wohl gesorgt. Darum hatte sie mit der Frau gesprochen, mit der ich zusammen auf dem Friedhof gewesen war. Die hatte sich aber bitterlich über unsere Ungezogenheit beklagt und es abgelehnt, auch nur noch ein einziges Mal zu uns in das Haus zu gehen. Ja und so war sie dann gleich zur Fürsorge gegangen. Und dort hatte man schließlich beschlossen, daß wir neue Eltern bekommen sollten.

Gar nicht weit von diesem Haus, nämlich in Wandsbek-Gartenstadt, gab es eine Familie, die Kindern wie wir ein neues Zuhause geben könnten.

Mein kleiner Bruder, die kleinere Schwester und ich sollten nun zusammen bei diesen neuen Eltern, die Ray hießen, aufwachsen. Die große Schwester dagegen hatte man schon nach Farmsen zu einer Familie gebracht, bei der sie es gut haben sollte. Der Bruder allerdings müßte erst im

Hafenkrankenhaus, wo man ihn hingebracht hatte, vollkommen gesund werden, bevor ich ihn wiedersehen könnte.

„Und mein Huhn, wo ist das hingekommen?" fragte ich sie. „Es ist auch dort, wohin wir beide nun gehen werden", erklärte sie, „wo deine kleine Schwester sicher schon auf dein Eintreffen wartet."

Etwas unbehaglich war mir. Wie würden die Leute sein, zu denen man die Schwester und das Huhn schon gebracht hatte und wo sie nun auch mich abgeben würde. Ich werde mir die neuen Eltern erst einmal ansehen, beschloß ich. Sollte es mir bei denen gefallen, dann würde ich dort bleiben; andernfalls würde ich mich wie damals, als ich das Waisenhaus heimlich verlassen hatte, schon bald wieder auf und davon machen.

Die Frau und ich gingen schon eine Zeitlang nebeneinander, um zu meinem neuen Zuhause zu gelangen. Die Haustür unseres Hauses hatten wir beim Weggehen verschlossen, und den Türschlüssel hatte sie in ihre Handtasche gesteckt. Wir kamen an die Ecke einer kleinen Straße, und ich konnte sehen, daß auf der rechten Seite unseres Weges ein großer, eckig ausbetonierter Löschwassertümpel war. Bis zu dieser Stelle hatte ich schon einmal einen meiner Streifzüge gemacht, dachte ich, diesen Tümpel hatte ich schon gesehen.

„Ich habe deine Mutter schon gekannt", sagte die Frau gerade, „da warst du und deine Geschwister noch gar nicht auf dieser Welt. Hilfsbereit und gut war sie zu jedem Menschen. Und sie war sehr gebildet," fuhr sie nach einer Weile fort, mir von meiner Mutter zu erzählen. Wunderschön Klavierspielen sollte sie gekonnt haben, und vier Sprachen hätte sie so vollkommen sprechen können, als hatte sie viele lange Jahre in den Ländern gelebt. Einige lustige Sachen, die sie zusammen mit meiner Mutter gemacht hatte, hat sie mir auch noch erzählt.

„Hier entlang", zeigte sie dann an „diese zwei Stufen müssen wir hoch und noch ein kleines Stückchen auf diesem Weg weitergehen, dann sind wir schon da."

Sie hatte nun zu meinem Bedauern aufgehört, mir von meiner Mutter zu erzählen. Ich mochte sie. Es war mir, als wäre an ihr ein kleiner Teil meiner Mutter, weil sie sie wohl viel öfter angefaßt hatte, als ich es hatte tun können. Von ihr unbemerkt, legte ich, während wir nebeneinander gingen, für einen Augenblick den Handrücken meiner Hand gegen den Stoff ihres Mantels. Warm und wohlig fühlte der sich an, und mir kam der Gedanke, daß ich soeben den nur letzten unsichtbaren Zipfel des Einstigen, aus dem die Mutter gewesen war, in ihrem Mantelstoff gefunden und berührt hatte.

„Dort ist das Haus", sagte die Frau, „wir sind da."

Sie hat nicht gemerkt, dachte ich, daß ich meine Hand an ihren Mantel gelegt habe, und ich war froh, daß sie die heimlichen Gedanken, die in meinem Kopf waren, nicht erraten konnte.

Noch einige Schritte gingen wir, stiegen zwei Tritte einer Treppe empor, und dann klopfte die Frau an die Haustür. Ziemlich schnell wurde uns geöffnet und ich betrat nach ihr das Haus, das für mich und meine beiden Geschwister als künftiger Wohnort bestimmt war. Die Tür hatte uns eine kleine, dicke Frau geöffnet, die über unser Eintreffen sehr erfreut schien.

„Kommen Sie", sagte die Frau zu meiner Wegbegleiterin und ging vor uns in eine ziemlich geräumige Wohnküche. Gleich nachdem die Frauen und ich dort hineingegangen waren, drehte sich die Frau, die nun meine Mutter sein sollte, zu mir um und musterte mich ausgiebig von Kopf bis Fuß. Artig streckte ich meine Hand vor, machte einen ordentlichen Diener und sagte, daß ich Heinrich hieß.

Darauf meine neue Mutter: „So ganz ordentlich sauber,

wie es sich gehört, scheinst du mir ja nicht zu sein, aber dich kriegen wir schon hin. Noch bevor Onkel Eduard hier ist – das ist mein Mann –, wirst du dich gründlich von oben bis unten abgeseift haben. Onkel Eduard ist sehr, sehr eigen."

Ich mochte Onkel Eduard schon jetzt nicht, obgleich ich ihn noch gar nicht gesehen hatte. Die Gründlichkeit, mit der ich vor dem Eintreffen des Onkels total gereinigt werden sollte, ließ bei mir den Verdacht aufkommen, daß Onkel Eduard nicht nur Staub und Schweiß als Schmutz bezeichnen könnte. Auch jeglicher Widerspruch, Auflehnung, ja sogar die allerkleinste Unartigkeit würde er Tag um Tag aus mir herauszuwaschen versuchen, und das nicht etwa mit Seife und Waschlappen.

Martin, ein Waise wie ich

Die einstige Freundin meiner Mutter war wieder gegangen. Einige tröstende Worte hatte sie noch zu mir gesagt, dann aber hatte sie mich in meinem neuen Zuhause allein zurückgelassen.

„Geh hinaus in den Garten", sagte die mir von der Fürsorge zugeteilte Mutter. „im Hühnerauslauf wirst du Martin finden, der legt dort Grassoden für die Tiere aus. Er soll dir alles zeigen und dir erklären, wie es bei uns zugeht, damit jeder hier zu seinem Recht kommt."

Sie öffnete mir die Terrassentür und ließ mich in den Garten. Rumps machte es dann hinter mir, als sie den Hebel der Tür wieder hochlegte. Ausgesperrt stand ich auf dem Pflaster der Terrasse, während sie sich drinnen hinter den Scheiben der Tür aus meinem Blickfeld entfernte.

Wer war Martin? dachte ich. War er groß oder klein, war er nett, oder würde ich mich vor ihm in acht nehmen müssen? Ja, und wo war meine kleine Schwester, hier sollte ich sie doch wiedertreffen? Die Frau, die mich hierher gebracht hatte, hatte bei ihrem Weggehen nichts mehr von meiner Schwester gesagt; und die, die ab jetzt meine Mutter sein sollte, war mir sofort so streng erschienen, daß ich nicht gewagt hatte, sie nach der Schwester zu befragen.

Ich ging in den Garten, um dort beim Hühnerauslauf auf diesen Martin zu treffen. Der Auslauf für die Hühner war riesengroß, bestimmt zehn Meter lang, und seine Breite betrug wohl fünf Meter. Mindestens zwanzig bis dreißig Hühner liefen darin herum, die wie mein weißes Huhn aussahen. Wenn sie meins da mit hineingesteckt hatten, würde ich es sicherlich niemals mehr zwischen den anderen Hühnern entdecken können.

Ich hörte plötzlich Geräusche, die sich wie die rollenden

Räder eines Blockwagens anhörten, der über gepflasterten Steinfußboden gezogen oder auch geschoben wurde. Und dann sah ich einen Jungen, der anscheinend Martin war. Den Handwagen, mit dem er gerade um die Hausecke bog, hatte er bis zum Rand mit ausgegrabenen Grassoden voll geladen. „Na", sagte er, als er nun die Deichsel vor der mit Maschendraht bespannten Tür des Hühnerauslaufs einfach auf den Boden fallen ließ, „du bist wohl der Neue?" Er grinste mich freundlich an und versuchte überflüssigerweise, als ob für mich etwas derartiges nötig war, die rechte Hand durch Abstreifen am Stoff seiner Hose zu säubern. „Martin heiße ich", sagte er, indem er mir nun die Hand entgegenstreckte.

„Mein Name ist Heinrich", und auch ich streckte meinen Arm vor. „Ist meine Schwester hier auch irgendwo?" fragte ich sogleich, und er meinte, sie könnte wohl oben im Hause in einem der Zimmer sein. Wie alt ich wäre, wollte er von mir wissen und noch so allerlei. Ich erzählte ihm, was er gerne von mir zu erfahren wünschte, und trug dabei genau wie er, Grassode um Grassode zu den Hühnern hinein. Wie einen Teppich legten wir gemeinsam die Soden im Auslauf aneinander, und weil wir beide uns hin und wieder etwas voneinander entfernten, tauschten wir einige Erklärungen mit lauteren Worten aus.

„Komm her zu mir", forderte er mich auf „was ich dir jetzt zu sagen habe, braucht die Alte nicht gerade zu hören." Während wir so taten, als wären wir damit beschäftigt, die Grasflächen noch ordentlicher aneinander zu legen, erzählte er mir so einiges, das bewirkte, daß mir immer mulmiger zumute wurde. „Sie, die Alte", und damit meinte er die kleine dicke Frau, „die ist schon ganz schön streng. Aber Eduard", sagte er, „der hat regelrechte Gemeinheiten für jeden parat, der nicht Wort für Wort genau das tut, was von ihm angeordnet wird."

64

„Nimm dich vor seinem Handstock in acht", gab Martin mir einen Rat. „Kaum, daß du davor ausweichen kannst, schlägt er dir, wenn du ihn irgendwie verärgert hast, blitzschnell damit ganz kurz und trocken vorne gegen eines deiner Schienbeine. Den Schlag kann er so genau dosieren, als würde er die Tasten eines Klaviers gefühlvoll, einmal etwas fester und dann wieder etwas sanfter, anschlagen."

Mir wurde immer unbehaglicher und in meinen Gedanken tauchte nun gerade der Mann von Anna auf, den ich damals in Teterow im Haus der Müllers erlebt hatte.

„Er hat eine Haarschneidemaschine", drang das Reden von Martin wieder an meine Ohren, während ich eine der Soden nun noch einmal aus dem Verband herausnahm, weil sie mir zu hoch zu liegen schien. Mit den Fingern schabte ich von der Wurzelseite etwas Erde weg, um sie dünner zu machen. „Deine Haare wird er dir schon bald schneiden und dir damit zeigen, was er alles mit dir machen kann, wenn du für ihn keine Kippen sammeln willst. Er raucht so gerne, und weil es keinen Tabak zu kaufen gibt, muß Eduard Kippen haben."

Meine Sode hatte das Loch in der Grasfläche, an der ich mir Mühe gegeben hatte, nun lückenlos geschlossen, und auch Martin war mit seiner Seite fertig. Mit der zur Faust geballten Hand schlug er mehrmals kräftig die Sandkante entlang die den Schluß der zuletzt hingelegten Grassoden bildete. Schön fest verdichtete er so die abschließende Rasenkante; aber mir war, als hätte in seinen Schlägen gegen das Erdreich auch viel aufgestaute Wut auf Onkel Eduard gelegen. Durch das Gegeneinanderklatschen unserer Hände befreiten wir uns von dem daran haftenden losen Sand.

Die Haare schneidet er dir an einer Seite deines Kopfes ganz kurz bis nach oben weg, während er die andere Seite überhaupt nicht mit der Maschine berührt", sagte Martin. „Du siehst dann wie ein Blöder aus; dein Kopf kommt dir schief vor, und du magst dich wirklich selbst nicht mehr leiden."

„Wenn er unbedingt Kippen haben will, dann kann ich ja, bevor er mich so zurichtet, dort welche für ihn sammeln, wo sie herumliegen."

„Zigarettenkippen liegen nicht so einfach auf der Straße herum", belehrte mich Martin, „die mußt du dir regelrecht erkämpfen. Da, wo die Tommys wohnen, da mußt du dich fast einen ganzen Tag lang vor die Tür hinstellen. Und dann, wenn einer der Engländer rauchend aus dem Haus kommt und irgendwo vor der Tür oder auf seinem Weg den Rest der Zigarette wegwirft, dann mußt du sofort auf die meist noch glimmende Kippe zuspringen und sie dir nehmen, bevor ein anderer dir zuvorkommt. Ständig laufen Jungs in unserem Alter um die Häuser der Engländer herum, um Kippen, Kaugummi und sonst was von denen zu ergattern", sagte Martin mit – wie mir schien – etwas überlegener Betonung, weil ich mir die Sache wohl ein wenig zu leicht vorgestellt hatte.

„Komm doch mit mir, ich hole noch einen, vielleicht auch zwei Wagen voll Soden, und dabei kann ich dir noch das eine oder andere erzählen."

„Ist gut", war ich einverstanden. Und so machten wir uns mit dem nun entladenen Blockwagen auf den Weg. An der Mauer des graugeputzten einstöckigen Hauses entlang zog Martin den Wagen hinter sich her, und ich half ihm, indem ich am herausnehmbaren hinteren Schott anschob. Durch eine halbhohe Gartentür, die das Anwesen zur Straßenseite abgrenzte, verließen wir das Grundstück. Ordentlich verschloß ich hinter mir die Pforte. Vorsichtig wollte ich mich bewegen, nichts verkehrt machen; auf keinen Fall durfte ich mir den Zorn des Onkels zuziehen.

Gleich rechts ab vom Haus weg zogen und schoben wir unseren Wagen. An der ersten Kreuzung bogen wir dann nach links, um nach etwa fünfhundert Metern erneut nach *rechts abzubiegen. Schließlich gelangten wir nach dem Überqueren einer Fahrbahn zu vielen Gärten, in denen kleine und größere Holzlauben standen. Dort hielten wir dann und machten uns an die Arbeit. Während Martin zunächst etwa eineinhalb spatenblattbreite Stücke aus einem mit Strauchwerk bepflanzten Wall aushob, machte ich mich daran, die Grasbodenstücke auf den Blockwagen zu laden.*

„Hast du schon einmal bei eisiger Kälte in dunkler Nacht einen Baum gefällt"? fragte er mich. Ich verneinte. „Hast du denn schon einmal Schrott in den Trümmern gesammelt oder wenigstens Kohlen von einem noch fahrenden Güterzug heruntergeholt?" Erneut mußte ich den Kopf schütteln. „Aber zum Hamstern wirst du wohl schon einmal gefahren sein?" „Ja", sagte ich wie befreit. „Das hab ich schon gemacht."

Er war auf den Wall hinaufgestiegen und hatte sich nun mit dem Blick zu mir dort hingesetzt. Mit dem Spatenblatt rührte er ein Stück vor seinen Füßen gedankenverloren die Erde durcheinander, während ich weiterhin die von ihm vorher gelösten Soden auf den Blockwagen lud. „Die Reys haben uns alle nur aufgenommen", sagte Martin dann, „damit sie durch unsere zusätzlichen Lebensmittelkarten für sich selbst immer genug zu essen haben. Du wirst schon sehen, wie wenig sie an uns abgeben, und außerdem wirst du dich wundern, wieviel Arbeit es noch gibt. Ich wollte schon lange abhauen, und eines Tages, wenn ich genug habe, dann werde ich es auch tun."

Auch ich würde mir wohl schon bald wieder meine Freiheit verschaffen, überlegte ich, als Martin sein Reden einstellte und sich erhob. Der Wagen war nun voll, und so machten wir uns auf den Rückweg, dorthin, wo Onkel Eduard vielleicht schon mit der Haarschneidemaschine, böse grinsend, auf mich, den Neuen, wartete.

Der Haarschneider

Zusammen hatten Martin und ich den Blockwagen mit den Grassoden den Weg zurück, dann durch das Gartentor, bis wieder vor die Drahttür des Hühnerauslaufes gezogen. So wie wir schon die Ladung des ersten Wagens im Freilauf zu einer zusammenhängenden Rasenfläche aneinander gelegt hatten, machten wir es auch mit diesen Soden. Und während wir emsig unsere Arbeit verrichteten, konnte er mir noch viel über sich, über Eduard, dessen Frau und auch über das mir noch nicht bekannte Mädchen Gerda, die auch in diesem Hause wohnte, erzählen.

Martin war 13 Jahre alt, und er war hier, seit über Hamburg das große Feuer gekommen war. Mit seiner Mutter war er damals in der schlimmen Bombennacht in Hammerbrook, dicht bei der eigenen Wohnung, in einen Luftschutzkeller gelaufen. Kaum, daß sie dort auf einer der Holzbänke noch beide einen Platz gefunden hatten, hatte die Mutter entsetzt bemerkt, daß weder er noch sie selbst den ständig im Hausflur bereitstehenden kleinen Handkoffer mit den wichtigen Papieren mitgenommen hatten. „Mein Junge", hatte sie deswegen zu ihm gesagt, „bleibe hier ganz ruhig sitzen, ich laufe noch einmal schnell in die Wohnung zurück und hole den Koffer."

Sie war gegangen, und niemals mehr hat er sie danach wieder zu Gesicht bekommen. „Erst nach sehr, sehr langer Zeit, wie lange genau, wußte er nicht, weil er viel geschlafen hatte, hätten schließlich er und alle, die mit ihm in dem Keller gewesen waren, den Schutzraum wieder verlassen können. „Überall, wohin du gesehen hast", erzählte er, „waren rauchende Trümmerberge, und es lagen auch tote Menschen herum. Einige der Toten waren ganz klein und, kaum noch als Menschen erkennbar, vom Feuer zusammengeschmort." Der

Blockwagen war nun leer. *Ganz schön groß war die von uns beiden zusammengelegte Rasenfläche schon. Den Hühnern schien es Spaß zu machen, darauf gackernd herumzustolzieren.* „Laß uns doch noch eine Ladung holen", schlug Martin vor, „dann brauch' ich morgen nicht los."

„Müssen die Hühner denn jeden Tag neuen Rasen haben"? *wollte ich wissen.*

„Nein, nicht jeden Tag, Gott sei Dank nicht, so jede Woche einmal hole ich drei bis vier Wagen voll", *gab er mir Auskunft.* „Deswegen brauchst du dir aber nicht einzubilden, daß Erna und Eduard für uns nichts anderes zu arbeiten finden. Den beiden fällt ständig was Neues ein, was sie einem aufbrummen können."

Er hatte während seiner letzten Worte die Deichsel vom Boden aufgenommen, den Wagen gewendet, und so machten wir uns nun erneut auf den Weg.

„Wie bist du denn nach hierher gekommen und wo ist dein Vater abgeblieben?" *wollte ich von ihm wissen.*

„Als Hamburg noch heil war, bin ich mit meiner Mutter schon mehrmals bei Erna gewesen", *gab er mir zur Antwort.* „Sie ist 'ne Tante von mir. Und weil ich nicht wußte, wohin ich gehen sollte, als unser Haus in Trümmer lag und meine Mutter verschwunden war, hab ich mich an Erna erinnert und bin hierher gegangen. Ich war lange unterwegs, und machmal hab ich schon geglaubt, ich würde hier nicht wieder herfinden."

Wir gingen nebeneinander und zogen den Wagen. Als wir vom Sandweg wieder auf das Stück Asphaltstraße kamen, veränderten sich, wie ich es schon bei der ersten Tour bemerkt hatte, wieder die Geräusche, die von den Rädern zu hören waren. „Es war schlimm", *setzte Martin seine Erzählung nach einer kurzen Weile des Schweigens fort.* „Du kannst dir niemals vorstellen, was ich auf meinem Weg durch all die Trümmer bis zu Ernas Haus alles gesehen habe."

Wir hatten den Wall erreicht, an dem er alleine den ersten Wagen und wir beide zusammen dann die zweite Ladung Grassoden ausgestochen hatten. Ein großer, kahler Sandfleck war dort entstanden, wo das herausgenommene Gras fehlte.

„Mein Vater ist mit seinem U-Boot untergegangen", sagte Martin, während er den Spaten vom Wagen nahm, um sich erneut an die Arbeit zu machen.

„Was, Unterseebootfahrer war er?" fragte ich interessiert und wollte sogleich von ihm wissen, ob er selbst schon einmal auf dem Boot seines Vaters gewesen war.

„Nein, er hat mich nie auf das Schiff mitgenommen", erwiderte er, „vielleicht durfte er das nicht, er war ja auch nicht der Kommandant. Mein Vater war der LI, LI heißt Leitender Ingenieur. Die ganzen Maschinen, alles, was nötig ist, damit so ein Unterseeboot überhaupt fahren und tauchen kann, darüber hatte allein mein Vater zu bestimmen", sagte Martin nicht ohne Stolz.

Wer hat dir denn gesagt, daß sein Schiff untergegangen ist"? wollte ich wissen, „es kann doch sein, daß es noch irgendwo auf dem Meer herumfährt."

Sein Boot fährt bestimmt nicht mehr herum", erwiderte er, „schon damals ist es untergegangen, als meine Mutter noch dagewesen ist. Wir haben einen Brief bekommen, und darin hat es gestanden, und auch in der Zeitung, auf der Seite, wo die Gefallenen aufgeführt waren, da habe ich seinen Namen gelesen."

„Für noch einen Wagen wird es wohl zu spät", meinte er nun, „vielleicht muß ich ja auch noch Kartoffeln schälen, wenn Gerda nicht zufällig Lust dazu gehabt hat, bevor sie aus dem Haus gegangen ist. Die Kartoffeln sind ganz wichtig. Eduard kommt schon bald nach Hause, und der will immer sofort, wenn er nach der Arbeit in der Küche auftaucht, sein Mittagessen haben."

Er legte seinen Spaten auf die Grassoden, nahm die Deichsel vom Boden auf und brachte den Blockwagen ins Rollen. Ich erfaßte den Griff auf der anderen Deichselseite, und so zogen wir, nebeneinander gehend, die für diesen Tag letzte Ladung nach Hause. „Warum schält Erna die Kartoffeln denn nicht"? wollte ich wissen. „Die und Kartoffeln schälen", lachte er auf. „Erna tut fast niemals etwas, und Gerda, die braucht nur was im Haus zu tun, wenn sie Lust dazu hat. Sie ist die Tochter von Ernas Schwester, die auch in Hamburg gewohnt hat und seit dem schlimmen Bombenhagel verschwunden ist. Wo Gerdas Vater abgeblieben ist, das weiß auch keiner, er war als Soldat in Rußland. Aber Gerda hat es gut bei Erna", sagte er, „zu jeder Zeit darf die sich was vom Brot abschneiden, kann sich immer sattessen, und auch sonst hat die nichts auszustehen. Nicht mal Eduard findet etwas, um an ihr herumzunörgeln, und das will was heißen! Vielleicht wagen sie nicht, mit ihr so umzuspringen wie mit mir, weil sie schon 16 Jahre ist", sagte Martin. „Aber schlecht ist Gerda nicht" fuhr er fort, „die hält sich aus allem raus, es kümmert sie nicht, was im Haus vor sich geht. Wo du jetzt da bist, wird es für mich jedenfalls leichter", sagte er dann ein wenig befreit. Ich muß dir alles zeigen und beibringen, was sie mir beigebracht haben, die Arbeit verteilt sich nun auf uns zwei. Von Kartoffelschälen, Wäsche waschen, eklig sind dabei die Taschentücher, die Rotze wird wieder ganz glibberig im warmen Wasser", sagte er mit einem Gesichtsausdruck, als müßte er sich augenblicklich übergeben, „ist mir dieses hier noch das liebste. Aber Strümpfe stopfen mußt du auch können; du mußt lernen, wie man Fensterscheiben mit Papier blitzblank kriegt und noch manches mehr."

Wir waren am Haus angekommen. Ich öffnete die Pforte. Martin zog den Blockwagen hindurch, und ich verschloß dann sogleich wieder den Eingang. Wie vorher schon, zog er auch diesmal den Wagen ganz dicht an die Tür des Hühnerauslaufes heran, damit er so nah wie möglich für unsere Entladearbeit stand.

„Heinrich", rief dann plötzlich die Frau aus der geöffneten Terrassentür, „Heinrich, komm jetzt ins Haus."

„Ja", gab ich ihr sogleich zur Antwort und machte mich augenblicklich auf den Weg.

„Es wird Zeit", sagte sie, als ich dann vor ihr stand, „komm herein, Onkel Eduard kommt schon bald von der Arbeit, und du mußt dich doch noch gründlich abseifen." Sie ließ mich in das Haus und verriegelte dann wieder die Tür. „Dort ist Kernseife, ein Waschlappen und auch ein Handtuch". „Zieh nun deine Sachen aus, und dann wird angefangen, vom Kopf herunter bis unter die Fußsolen alles mit kaltem Wasser gründlich abzuschrubben. Ich hab dir ja schon gesagt, daß Onkel Eduard sehr, sehr eigen ist."

Der Küchenraum war etwa sieben Meter lang, vier Meter breit und hatte in Verlängerung der Wand, in der sich die Terrassentür befand, einen vielleicht zwei mal zwei Meter großen Raum, zu dem es keine Extratür gab. In dieser Nische war an einer Wand ein großes gußeisernes Waschbecken angeschraubt, und das Wasser das aus dem Hahn kam, war stets von eisiger Kälte. Damit man nicht auf dem mit kleinen rotweißen Kacheln ausgelegten Fußboden stehen mußte, gab es vor dem Waschbecken eine Holzgräting. In der Küche befanden sich zwei unterschiedlich große Tische. Ein kleiner runder mit drei untergeschobenen Stühlen stand neben der Terrassentür, und ein großer rechteckiger Holztisch stand wie abgemessen, so daß er zu den gegenüberliegenden Wandseiten den gleichen Abstand hatte. Über dem Tisch war eine Lampe angebracht, die wie ein umgestülpter großer, blaßgelber Kochtopf aussah. An der Stirnseite der Küche, gegenüber der Waschbeckennische war ein Schrank. An der Längsseite des Raumes stand eine halbhohe Anrichte, und dieser gegenüber war ein großer Kohlekochherd. Stand man so, daß man die Augen auf diesen Herd gerichtet hatte, dann befand sich links daneben Ernas Lehnstuhl. Neben diesem Stuhl, in dem nur Erna sitzen durfte, stand ein Liegesofa. An jeder Seite des Tisches, außer dort wo der Armlehnstuhl stand, befand sich ein Stuhl mit unter den Tisch geschobener Sitzfläche. Dies war die Einrichtung des Raums, in dem sich bis auf einige wenige Fest- und Feiertage, die in der guten Stube verbracht wurden, das tägliche Leben abspielte.

Ich hatte inzwischen alle meine Kleider ausgezogen und sie über den kleinen runden Tisch gelegt. Die Frau saß in ihrem Lehnstuhl und sah meinem Tun zu. Dann, als ich etwas zögernd und vollkommen nackt auf der Holzgräting stand, sagte sie: „Fang an, oder bist du wasserscheu?"

„Nein", erwiderte ich, „ich bin nicht wasserscheu". Und während ich es zu ihr sagte, hatte ich den Hahn aufgedreht und wusch unter dem kaltem Wasser meinen Körper. Um der Frau keinerlei Grund zu geben, an mir etwas auszusetzen rieb ich so kräftig mit dem Waschlappen an mir herum, bis es an den Hautstellen unter dem nassen Lappen trotz des kalten Wassers ganz warm war und ich überall, wo ich gescheuert hatte, rot am Körper wurde.

Sie sagte nichts, aber sie beobachtete mich ständig. Schließlich stellte ich zuerst einen Fuß in das Waschbecken, nahm die Reinigung daran vor, um danach den anderen genauso zu bearbeiten. Richtig ein wenig aus der Puste war ich, so sehr hatte ich an mir herumgescheuert.

„Sicher hat sich Martin schon darüber bei dir beklagt, daß es hier viel Arbeit gibt und daß Onkel Eduard von ihm verlangt, ihm hin und wieder einmal einen Gefallen zu tun", sagte die Frau.

„Nein", log ich, „wir haben uns nur über die Hühner unterhalten und wie man Grassoden aussticht, hat er mir gezeigt."

„Martin ist kein guter Junge", sagte sie, „er lügt ständig, und manchmal glaube ich, daß alle Mühe, die wir uns geben, aus ihm einen anständigen Menschen zu machen, vollkommen nutzlos ist."

Ich zog mir mein Unterhemd über den Kopf, schlüpfte dann in das Oberhemd und sagte nichts zu all dem, was sie an Martin auszusetzen hatte.

„Du darfst, sobald du dich vollkommen angezogen hast, hinaufgehen; deine Schwester ist oben im Zimmer", sagte sie. „Ich mußte ihr Stubenarrest geben, der erst morgen mittag zu Ende ist, weil sie heimlich von der Marmelade genascht hat."

„Danke, daß ich hinaufgehen darf", erwiderte ich verschüchtert, als ich gerade wieder in die Hose geschlüpft war.

„Deine schmutzigen Schuhe stellst du auf eine Stufe der Kellertreppe. Auf einer der Stufen wirst du auch ein Paar Pantoffeln für dich finden, die sind warscheinlich ziemlich groß, aber es wird schon gehen. Zieh dir die Pantoffeln über deine Füße, damit du nicht mit den Strümpfen auf dem kalten Steinfußboden herumläufst. Und wenn du mal mußt, dann öffnest du die Tür, die der Kellertür genau gegenüber liegt, dort ist die Toilette", sagte sie.

Sie saß noch immer in ihrem Lehnstuhl, aus dem heraus sie mich schon während meiner Abseiferei mit etwas vorgeneigtem Kopf beobachtet hatte. Ihre Hände hatte sie zusammengefaltet über den ziemlich dicken Bauch gelegt. Weil sie mich immer so von unten herauf begutachtete, kam in mir plötzlich der Gedanke auf, daß sie, wenn in ihrem Gesicht auch nur ein paar zusätzliche Falten wären, wirklich und wahrhaftig die Hexe sein könnte, die Hänsel und Gretel hatte braten und danach verspeisen wollen. Sie war die Hexe, ich Hänsel und meine oben schon eingesperrte Schwester, das war Gretel. Von oben bis unten abgeschrubbt, zum Einsalzen fertig war ich ja auch schon. Nicht mal ein geschlach-

tetes Kanninchen würde je einem Koch so sauber für die Würzung vorgelegen haben, wie ich nun nach dieser Kaltwasserabschrubberei in der Küche stand.

„Ich geh denn", sagte ich und sah vom kleinen runden Tisch, wo ich stand, zu ihr herüber. „Ja, geh nur", erwiderte sie, und so verließ ich den Raum, trat auf den Flur, fand dort die Kellertür und auch den Lichtschalter, mit dem ich es mir hell auf der Kellertreppe machte. Wie befohlen, stellte ich auf eine der Stufen meine Straßenstiefel ab und fand dann, zwei Tritte tiefer, auch sogleich die mir zugedachten Pantoffeln. Ich schlüpfte hinein, löschte das Licht, schloß die Kellertür und ging dann den Flur entlang die Treppe nach oben in das Zimmer zu meiner kleinen Schwester.

Hocherfreut war die, als sie mich nun erblickte. Wir fielen uns in die Arme, und sie fing sogleich an zu weinen. „Laß uns hier weggehen, Heinrich", bettelte sie, „ich darf nur immer in diesem Zimmer sein."

Behutsam strich ich ihr mit der Hand über ihre blonden Zöpfe, ließ ihre Tränen in dem Stoff meines Hemdes einsikkern und versprach, stets möglichst nah bei ihr zu bleiben. „In diesem Haus", beschwor ich sie, „mußt du artiger wie die Artigste sein, niemals darfst du irgendwo dran herumnaschen, du darfst dich nicht beschmutzen, und alles tun mußt du ohne jegliche Verzögerung, was insbesondere Eduard von dir will. Und vielleicht solltest du auch versuchen, niemals mehr fröhlich zu sein, denn auch hieran könnte einer wie er ein Ärgernis entdecken."

Sie versprach aufschluchzend, daß sie so sein wollte, wie ich es von ihr verlangte. Aber ich wußte, daß sie es nicht lange durchhalten konnte. Mit ihren knappen sieben Jahren würde ihr niemals eine List einfallen, mit der sie sich, wie es mir gelingen sollte, vor den Gemeinheiten Eduards schützen könnte, wenn Eduard so war, wie Martin ihn mir vor Augen geführt hatte.

Die Haustür war aufgegangen und anschließend gleich wieder ins Schloß gefallen. Unrythmisch anzuhörende Schritte und ein Geräusch, das ein beim Humpeln neben dem Fuß aufgesetzter Handstock macht, hörte ich unten im Hausflur, dann einen Augenblick Stille und danach waren die Geräusche aus der Küche heraus zu vernehmen.

Das war er, dachte ich, Eduard war gekommen. Eine Zeitlang blieb es ruhig im Haus. Meine Schwester und ich hatten uns auf eines der Betten gesetzt, die in dem etwa vier Quadratmeter großen Zimmer standen. Eine Puppe müßte man sein, dachte ich, vielleicht so eine wie die, die dort auf dem kleinen runden Tisch in der Mitte des Raumes einfach so herumliegen durfte, ohne je Angst zu haben.

„Heinrich,", rief Martin von unten die Treppe hinauf, „du sollst herunterkommen, Onkel Eduard möchte dich sehen."

Er hat sie schon in der Hand, dachte ich, die Haarschneidemaschine, mit der er nun an meinem Kopf herumschneiden will. Ich ließ meine kleine Schwester zurück und ging langsam die Treppe hinunter. Den Flur entlang ging ich und dann hinein in die Küche.

Eduard stand dort, wo der kleine runde Tisch war. Er stützte seinen etwas schräg stehenden Körper mit dem Handstock. Einen kleinen Bart hatte er, einen wie ihn unser Führer gehabt hatte. Seine Haare, dachte ich, die würde er wohl niemals so kämmen können, wie die Haare des Führers gewesen waren, weil sie dafür zu lockig und außerdem zu kurz geschnitten waren.

Ein Lächeln war in seinem Gesicht, ganz so gefährlich konnte es deswegen an dem heutigen Tag für mich nicht sein.

Ich ging artig zu ihm, reichte ihm die Hand und vergaß auch den Diener nicht. Es schien ihm zu gefallen, denn er sagte, daß ich mich setzen dürfte. Ich zog einen der Stühle unter dem großen rechteckigen Tisch hervor, um Platz zu nehmen. Aber da sagte er, daß ich nur am kleinen runden Tisch sitzen dürfte.

„Jeder hier im Haus hat in dieser Küche seinen festen Sitzplatz", sagte Eduard. „Ich da, meine Frau dort, Gerda da hinten, Martin auf der anderen Seite, meiner Frau gegenüber. Und du da, deine Schwester und später auch dein Bruder, wenn er aus dem Krankenhaus hierher kommt, nur hier an diesem runden Tisch, an dem ich stehe". Mit seinem Handstock, vor dem ich mich, wie mir Martin geraten hatte, stets in acht nehmen sollte, hatte er nun ausdrücklich mehrmals gegen die Platte des kleinen Tisches geschlagen, so, als wollte er dort die Markierung hinterlassen, an der ich stets meinen Platz erkennen würde.

Ich war vom großen Tisch weggegangen und setzte mich, nachdem er seinen Platz am rechteckigen Tisch eingenommen hatte, an die mir zugedachte Stelle.

„Sieh Martin auf die Finger, was er tut", forderte Eduard mich auf. „Alles mußt du lernen, was er schon kann, damit du dir bei uns im Haus dein tägliches Brot verdienen kannst."

Ich sah, was Martin tat. Er trug flache Teller auf den Tisch, um dann auf jeden Platz einen hinzustellen; er holte Messer und Gabeln aus der Schublade des Küchenschrankes, um sie ebenso zu verteilen. Er nahm den großen Topf vom Kohleherd, ging damit zum Waschbecken, ließ das heiße Wasser daraus ablaufen und kam dann mit zwei Schüsseln Kartoffeln herbei.

Auch Erna war nun aus ihrem Lehnstuhl aufgestanden. Sie drehte sich zum Kohleherd, machte zwei Schritte bis zur Klappe der Backofentür, öffnete sie und entnahm daraus eine große Bratpfanne, die mit brauner Mehlsoße aufgefüllt war.

„Nimm dir Kartoffeln", forderte sie mich auf, „damit ich dir etwas Soße darüber tun kann."

Ich nahm mir von den Kartoffeln, und sie goß mir darüber zwei kleine Kellen voll Mehlsoße. Dann ging sie zum großen Tisch, um auch Eduard, danach Martin, der auch inzwischen seinen Platz eingenommen hatte, und schließlich sich selbst einen Teil der braunen Soße auf den Teller zu füllen. Bevor sie ihren Platz einnahm, stellte sie auch für meine kleine Schwester, die sie zum Essen heruntergerufen hatte, einen gefüllten Teller auf den Tisch. Und als dann auch die ihren Stuhl gefunden hatte, begann ein jeder, die Kartoffeln und die Mehlsoße in sich hineinzulöffeln.

Es herschte Stille im Raum. Nur die von Messer und Gabeln herrührenden Eßgeräusche waren augenblicklich zu hören. Eduard nahm noch einen Nachschlag, und Martin durfte sich danach den Rest der Kartoffeln aus den beiden Schüsseln auf seinen Teller füllen und auch die noch in der Pfanne befindliche Soße nehmen.

„Hast du dich denn heute auch schon ordentlich kalt abgeseift", fragte mich Eduard, während er den auf seinem Teller befindlichen Rest zusammenkratzte.

„Ja", nahm Erna mir die Antwort ab, „das hat er getan".

„Das ist gut", sagte Eduard, „so soll es sein."

Während Martin schließlich die Teller zusammenstellte und sich sogleich anschickte, zum Geschirrspülen die dafür vorgesehene, im ausziehbaren Küchentischteil eingelassene Abwaschschüssel mit dem warmen Wasser des Teekessels aufzufüllen, erhob sich Eduard schwerfällig von seinem Stuhl.

Ohne den Spazierstock zu nehmen, der seit Beginn der Mahlzeit über der Rücklehne des Stuhles hing, zog er seinen schiefen Körper Fuß um Fuß um die Schmalseite des großen Tisches herum und dann weiter zur kleinen Anrichte an der Wand. Er beugte sich nach unten, und ich sah, daß er dabei anscheinend das linke Bein nicht am Knie einknicken konnte. Unbeholfen stützte er den, wie mir schien, vollkommen steifen Körper mit der linken Hand auf der Schrankplatte ab, stand dann so wie eine nur auf ihrem linken Bein über das Eis schwebende Schlittschuläuferin und kramte mit der freien anderen Hand aus dem Schrank einen kleinen Karton hervor. Als hätte er schwere Arbeit verrichtet, atmete er heftig und stoßweise, als er sich wieder voll aufgerichtet hatte und sicher auf den Füßen stand.

Martin hatte unaufgefordert den Ausziehtisch mit der darin eingelassenen Abwaschschüssel wieder etwas zusammengeschoben, damit er genug Platz hatte.

„Sehr gerne hätte ich nun eine Pfeife voll Tabak", sagte Eduard, und dabei sah er mir in die Augen.

„Ich könnte ja", fing ich an und hielt dann aber plötzlich inne, weil mir einfiel, daß Erna mich sonst schon am ersten Tag bei einer Lüge ertappen würde. Eduards Gesicht hatte einen aufmerksamen Ausdruck angenommen, und er fragte mich, was ich sagen wollte und warum ich nicht zu Ende spräche.

„Ich könnte Martin helfen abzuwaschen", log ich, „das wollte ich sagen."

Ich hoffte insgeheim, Eduard und auch Erna würden nicht darauf kommen, daß ich mich, um meine Haare zu retten, ihm gerade als ständig bereiter Kippensammler anbieten wollte, weil mir doch sein Verlangen nach Zigarettenstummeln von Martin her schon bekannt war. Aber ich hatte doch vorhin, während ich nackend vor dem Waschbecken stehend meinen Körper schruppte auf Ernas Frage, ob Martin sich bei mir über zuviel Arbeit und anderes beklagt hatte gelogen und gesagt, er hätte mit mir nur über das Ausstechen der Grassoden geredet.

„Martin schafft das bißchen Abwaschen schon alleine", winkte Eduard ab.

„Ich werde dir jetzt deine Haare schneiden, du siehst mir nicht sehr ordentlich am Kopf aus. Dreh mal deinen Stuhl herum und setz dich etwas mehr vom Tisch weg", sagte er.

Ich tat, wie mir aufgetragen wurde. Dann nahm er seine Haarschneidemaschine aus der Schachtel und schnitt mir, genau wie Martin es gesagt hatte, eine Seite meines Kopfes bis etwa sechs Zentimeter über das rechte Ohr vollkommen kahl. Er gab sich nicht einmal Mühe, mir vorzuspielen, daß er mir erst am nächsten Tag die andere Kopfhälfte scheren könnte, weil die Maschine plötzlich unscharf wäre. Nein, er hatte diesen Zeitpunkt dafür bestimmt, sich mir so zu erkennen zu geben, wie ich ihn von nun an zu erwarten hatte.

„Wenn du mir morgen was zu rauchen anbringst", sagte er, „dann habe ich auch wieder Lust und beende mein Werk an deinem Kopf.

Erna tat so, als habe sie nicht bemerkt, was Eduard mit meinem Kopf gemacht hatte, und Martin schien es vorzuziehen, seine Augen vorsichtigerweise nur auf den Abwasch zu richten. „Du siehst schief am Kopf aus", sagte meine kleine Schwester, „auf einer Seite hast du ja keine Haare mehr."

Eines Tages werde ich groß sein und stark, und er wird alt sein und schwach, und dann werde ich ihn so zurichten, daß alle, die ihn kennen, und die ganze Stadt und sogar das ganze Land über ihn lachen werden, dachte ich. Das Versprechen, es ihm eines Tages heimzuzahlen, werde ich in mir solange verborgen herumtragen, bis die Zeit dafür reif ist. Auch ein Geschenk zu Weihnachten oder vielleicht zu meinem Geburtstag von ihm soll diesen tief in mein Inneres eingebrannten Wunsch niemals zum Verlöschen bringen!

Eduard steckte ohne ein weiteres Wort seine Haarschneidemaschine in die Schachtel und legte sie dann genauso umständlich, wie er sie geholt hatte, wieder weg. Es wäre ihm ein leichtes gewesen, mir oder Martin den Auftrag zu erteilen, die Schachtel wieder an ihren Platz zu legen. Aber er tat es nicht. Mir war es, als gehörte dieser Teil seiner eigenen mühsamen Unbeweglichkeit zum gewollten Ritual der an mir vorgenommenen Verstümmelung.

„Feg deine abgeschnittenen Haare zusammen", befahl mir die Frau, „ Besen und Schaufel findest du auf der Treppe an der Wand."

Ich folgte ihrer Aufforderung. Hinter mir hörte ich Erna zu meine kleinen Schwester sagen: „Und du machst dich wieder auf nach oben ins Zimmer, dein Stubenarrest ist erst morgen mittag beendet."

Ich fand Besen und Schaufel, fegte meine Haare zusammen und ließ sie dann, wie von Erna befohlen, in die Glut des Kohleherdes hineinfallen.

„Zeig ihm, wo er seinen Schlafplatz hat", gab die Frau nun Martin den Auftrag. Wortlos tat dieser, was ihm aufgetragen wurde. Er ging aus der Küche zur Treppe, die ins Obergeschoss führte. Vom Flur aus winkte er mir zu, ihm zu folgen. Als ich die Küche verließ, konnte ich sehen, daß Eduard sich anschickte, seinen schiefen Körper zum Sofa hin zu bewegen.

„Gute Nacht", sagte ich, morgen hole ich Zigarettenstummel, falls Martin mir zeigt, wo ich welche finden kann."

„Prima", tat Eduard erfreut, „bist anscheinend kein Dummkopf, scheinst schnell zu begreifen. Schlaf gut, mein Junge."

Eine eigene Kammer

Martin hatte mich zu einer ganz mit Holz ausgekleideten Bodenkammer geführt. „Hier ist dein Zimmer", sagte er. Als wir dann etwa drei Schritte in den Raum hineintreten waren und vor einem Holzgestell, auf dem ein Strohsack lag standen, fuhr er fort: „Und hier sollst du schlafen." „Er ist ziemlich stachelig", klagte ich nach einem schnell vollführten Probeliegen. „Was besseres haben wir nicht mehr", bremste er meinen aufkommenden Meckerversuch und fuhr dann fort, „dafür hast du als einziger im Haus ein eigenes Zimmer." Da hatte er recht, dachte ich und gab mich zufrieden. „Ach, hier ist sie", hörte ich ihn hinter dem Schornstein hervor sagen, und dann zog er eine Decke an das Licht. Groß war sie und rötlich braun, die Steppdecke, die er mir nun gab. Sie fühlte sich seidig kalt und stumpf an, und nach altem Bodenstaub roch sie auch.

„Der Strohsack ist vor einiger Zeit erst ganz neu gestopft worden", erklärte Martin, „und diese Steppdecke müßtest du gelegentlich mal unten im Garten gründlich ausstauben."

„Ja, das mach ich", gab ich zur Antwort und nahm mir vor, es gleich morgen zu tun.

„Hier über dir, diese Bodenluke, die kannst du öffnen und frische Luft in deine Kammer lassen", zeigte er mir dann noch und stellte gleich selbst die Dachluke weit auf. „Schade, daß es hier so eng ist", bemerkte er, „ich würde sonst mit dir hier zusammen schlafen können."

„Ja, das bedauerte ich auch."

Aber soviel Platz war hier oben wirklich nicht. Knapp zweieinhalb Meter breit war der Raum nur und etwa drei Meter länger, als der Strohsack, auf dem ich mich allabendlich zum Schlafen legen sollte. Eine der mit Holz verkleide-

ten Kammerwände verlief schräg hoch. Da diese Schräge schon in Bodenhöhe einsetzte, hatte ich, wenn ich vor dem Bett stand, nur einen minimalen Bewegungsraum.

Es war draußen schon ziemlich dunkel geworden, und ich konnte, weil es keine Lampe in der Kammer gab, Martin nur noch mühsam im durch das Dachfenster hereinfallenden Licht erkennen.

„Wo schläfst du denn"? fragte ich ihn, und er antwortete: „Auf dem Küchensofa".

Meine kleine Schwester, Gerda, und später auch mein Bruder waren alle in zwei Betten in dem Raum untergebracht, der genau unter meinem lag und in dem ich die Schwester schon vor dem Abendessen angetroffen hatte. Erna und Eduard dagegen hatten ihr Schlafzimmer neben dem Zimmer meiner Geschwister.

„Also, bis morgen dann", sagte Martin, „ich hab unten noch einiges zu tun." Er klopfte mir kameradschaftlich auf die Schulter und ging. Die Bodentür legte er hinter sich ins Schloß.

Als ich das Knarren der Holzstufen nicht mehr hörte, wußte ich, daß er nun auf der Höhe des Zimmers meiner Schwester und des Schlafzimmers von Erna und Eduard war. Ich sah schräg über mir zum geöffneten Dachfenster und hinauf zu dem nun dunklen Nachthimmel. Ob sie mich sehen konnte von da oben, meine Mutter, dachte ich. Nach allem, was erzählt wurde, sollte es so sein. Sie war gut gewesen und hatte sich ein Anrecht auf einen Platz im Himmel verdient. Ich wollte mich ihr deutlicher zeigen; deshalb stieg ich auf den Rahmen des Bettgestells, griff mit beiden Armen schräg über mich, umklammerte den Eisenrahmen des Dachfensters mit meinen Fingern und zog mich durch die Öffnung ins Freie. Kühle, etwas feuchte Nachtluft verspürte ich hier draußen. Von der Dachluke aus, etwa drei Ziegel unter mir, war die Schräge zu Ende, und das Satteldach ging in ein

Flachdach über. Ich konnte darauf herumspazieren und alles unter mir überblicken, wenn es hell würde.

Über ihm war ich, über Eduard mit seiner Haarschneide-maschine. Da, drei Meter vor mir, da etwa mußte er auf Martins Sofa in der Küche liegen. Ich ging an die Stelle, wo Eduard jetzt unter mir lag.„ So, wie ich es damals mit Annas Mann gemacht habe, Eduard", sagte ich, wobei ich den Zeigefinger drohend emporstreckte, „so könnte ich es mit dir auf die eine oder andere Art auch eines Tages machen!"

Da, wo die Zigarettenstummel liegen

Die Nacht war vorbei, ich atmete die Luft des frühen Tages, des ersten neuen Tages in diesem Haus, das für mich, meine kleine Schwester und auch für meinen Bruder, wenn er aus dem Krankenhaus kam, das neue Zuhause sein sollte.

Martin hatte mich schon in allererster Morgenfrühe geweckt. Zusammen hatten wir die Hühner gefüttert und für die Kaninchen einen großen Sack voll Gras gerupft. Eine ganze Weile später standen dann auch Erna und Eduard auf. Mit Martin stellte ich das Frühstücksgeschirr auf die beiden Küchentische.

Es gab eine Tasse schwarzen Mischkaffees und dazu eine dicke Scheibe Brot ohne Aufstrich. Meine kleine Schwester fragte, ob sie noch ein Stück nachhaben könnte, aber Erna sagte, daß das Brot knapp sei und es für uns, weil wir noch nichts verdienen könnten, vorerst pro Mahlzeit nur eine Scheibe geben würde. Eduard aß sich satt. Mehrfach nahm er mit seinem Messer aus dem Einweckglas köstlich aussehende Marmelade und verteilte sie über das zuvor mit Fett eingestrichene Brot. Ich konnte sehen, daß auch Martin sich ungefragt von der Marmelade nehmen durfte. Schließlich stand Eduard als erster vom Frühstückstisch auf, zog seinen Mantel über, setzte sich den Hut auf den Kopf, nahm in eine Hand die Aktentasche, in die andere den Spazierstock und ging aus dem Haus zur Arbeit. Danach erhob sich Martin von seinem Platz, räumte die Tische leer, wusch das Geschirr ab und zeigte mir, wie alles gehandhabt wurde und wohin das Geschirr und die Brotschneidemaschine zurückzustellen waren.

Meiner kleinen Schwester wurde von Erna gleich nach Beendigung des Frühstücks befohlen, sich wieder in das

*obere Zimmer zu begeben, um den noch verbliebenen Stu-
benarrest abzusitzen.*

*„Komm", sagte Martin dann zu mir, „machen wir uns an
die Arbeit." Wir gingen nach draußen. Dort nahm er die
Deichsel des Blockwagens auf und wir verließen das Grundstück durch die Gartenpforte.*

*„Wohin gehen wir", fragte ich, und er gab mir zur
Antwort, daß er zum Schrottsammeln wolle und ich von ihm
dort hingebracht würde, wo es Kippen zu sammeln gab, die
Eduard so gerne haben wollte.*

*„Zigarettenkippen sind knapp", belehrte mich Martin.
„An der Stelle, zu der ich dich jetzt bringe, stehen meistens
mehrere Jungens, die alle welche haben wollen. Am besten
ist es, du suchst überall dort unter den Fenstern die Straße
und auch die Grasflächen ab, wo die Tommys wohnen. Wenn
die ihre Zigaretten bis auf einen Stummel aufgeraucht
haben", erklärte er weiter, „dann werfen sie den Rest
manchmal einfach aus dem Fenster. Du kannst auch Glück
haben, daß dir hin und wieder einmal einer von den Soldaten eine noch ganze Zigarette gibt und manchmal auch ein
Kaugummi."*

*„Was ist ein Kaugummi", wollte ich von ihm wissen; und
Martin beschrieb es mir und sagte auch, daß es ziemlich gut
schmecke. „Du darfst es nicht runterschlucken, dann kannst
du immer und ewig auf so einem Kaugummi herumkauen."*

*Ich konnte mir nicht vorstellen, daß es etwas zu naschen
gab, was einfach niemals alle werden würde.*

*Die Räder des Blockwagens, den wir nebeneinanderge-
hend zogen, machten ein gleichmäßiges mahlendes Geräusch. „Diese Straße noch bis zur Ecke, dann rechts herum,
ein längeres Stück Weg geradeaus und dann wieder rechts,
da ist der Platz, wo du Kippen sammeln kannst", erklärte
Martin. „Ich geh' weiter, fuhr er dann fort, „da unten an der
Ecke Wendemutstraße, da sammle ich aus den Trümmern*

verrostetes Eisen und bringe es mal zum einen, mal zum anderen Schrotthändler. Ich ziehe den Blockwagen immer zu dem, der am nächsten ist. Es gibt gutes Geld für Schrott", erklärte er. „Was die allerdings mit dem verrosteten Zeug alles wollen, das kann ich dir auch nicht sagen."

Die Straße war nun zu Ende, und wir bogen, so wie er es angekündigt hatte, nach rechts ab. „Da hinten, über die Straßenbahnschienen weg, dort vor uns die Straße ein Stückchen rein, da haben wir zuletzt mit unserer Mutter gewohnt", sagte ich.

„Ganz in der Nähe von Ernas Haus, gar nicht mal so weit weg, ungefähr fünfzehn Minuten Fußweg zwischen deinem Zuhause und dem Haus, wo du jetzt lebst, ist das ja nur", tat Martin überrascht. „Dann müßtest du doch die Stelle kennen, wo all die Tommys wohnen."

„Nein, kenne ich nicht", gab ich ihm Antwort, „für meine Mutter brauchte ich keine Kippen zu sammeln. Hab mich deswegen nicht darum gekümmert, wo die Engländer wohnen."

Martin fand wohl, daß es hiergegen nichts weiter einzuwenden gab, denn es blieb nun eine kleine Weile ruhig zwischen uns. Wir zogen flott unseren Wagen hinter uns her. Dann plötzlich verlangsamte er sein Gehen, um schließlich ganz stehen zu bleiben. Wir waren an eine Kreuzung gekommen. „Hier die Straße", erklärte er, das ist der Friedrich-Ebert-Damm. Und die da vor uns heißt Holzmühlenstraße. Da rechts, wo die drei Jungen stehen, vor diesem Rotsteinblock, da wohnen die Tommys. Auch in der Straße hinter uns haben sie sich alle Wohnungen genommen. Manchmal kommen von irgendwoher ganz viele von ihnen auf einmal mit Autos angefahren und gehen dann in dieses Haus." Er zeigte dabei zu einem Haus rüber, vor dem die drei Jungen standen. „Wenn du genug Kippen zusammen hast, kannst du ruhig schon alleine wieder nach Hause gehen, ich komme *sowieso erst am Abend zurück und gehe dann den Weg da hinten entlang, der ist näher für mich."*

Während seiner letzten Worte zeigte er mit seinem Zeigefinger in Richtung einer mit Rasen und Sträuchern bewachsenenn Fläche, hinter der sich eine Straße befand.

„Ist gut", war ich einverstanden, gab ihm zum Abschied die Hand, und wir trennten uns. Martin zog mit seinem Wagen nach links, und ich ging nach rechts dorthin, wo die drei Jungen, zwei etwa in meinem Alter und der andere so um 11 bis 12 Jahre, vor dem Hauseingang der Engländer warteten.

„Na", sagte der eine, den ich auf 11 bis 12 Jahre schätzte, „willst wohl Kippen sammeln, was"? Er stand etwas schief, nur mit seiner linken Schulter gegen das Hausmauerwerk gelehnt, während seine Füße einen halben Meter vor dem Lotpunkt Schulter in die Breite des Fußweges vorgeschoben waren. Beide Hände hatte er in seinen Hosentaschen vergraben, und das ließ seinen Bauch noch weiter aus dem komisch verbogenen Körper hervorquellen.

Angestrengt gemütlich, fand ich, stand er da an der Wand, und er wollte mir zeigen, meinte ich, daß das Sagen und Bestimmen an diesem Platz von ihm ausging.

Ich kannte mich aus mit so einem Burschen. In unserer Gruppe im Heim hatte ich nur deswegen immer meine Spitzenposition unter den vier stärksten Jungen behaupten können, weil ich mich auskannte in derartigem Gehabe. Es kam nicht unbedingt darauf an, daß man tatsächlich so stark war, wie man es den anderen vormachte. Man mußte nur eine günstige Gelegenheit abwarten, dann war auch der Stärkste zu packen.

„Ja, ich brauche Kippen für den, bei dem ich jetzt wohne", sagte ich. „Sieh her, was der mit mir gemacht hat."

Bei meinen letzten Worten hatte ich mir die Mütze vom Kopf genommen und zeigte den dreien meinen von Eduard ver-

stümmelten Kopf. Der Schräggestellte lachte, die anderen beiden dann auch; aber der an der Mauerwand lehnende Junge schien gar nicht mehr aufhören zu wollen. Und dann blitzschnell nutzte ich die günstige Gelegenheit. Ich trat ihm einfach die Füße unter seinem an die Hausmauer gelehnten Körper weg. Er fiel um so wie ein aus der Hand geworfener Holzbalken.

Spielerisch leicht sah mein Trick aus, und ich sagte: „Das ist ein Fußhebelwurf, mit dem die Kosaken – das ist ein russisches Reitervolk – ihren Pferden die Vorderbeine wegschlagen, wenn sie hinter ihren Körpern Schutz vor feindlichen Gewehrkugeln suchen müssen."

Die beiden Jungen, die in meinem Alter waren, staunten, das war deutlich aus ihren Gesichtern herauszulesen. Der größere, den ich soeben umgelegt hatte, schien nun wohl zu vermuten, daß ich eventuell über noch weitere ihm unbekannte fremdländische Hebelgriffe verfügen könnte. Aus seiner Bodenlage streckte er mir die Hand entgegen und sagte: „Na ja, erst mal Freundschaft."

„Wenn du willst, Freudschaft, aber wir können die Sache auch sonst gleich hier austragen", nutzte ich die einmalig gute Gelegenheit, an diesem Ort das Sagen und Bestimmen zu übernehmen.

„Freundschaft", schlug er noch einmal vor, und auch ich sagte: „Freundschaft", gab ihm die Hand und half ihm auf die Füße.

„Kannst du Englisch sprechen?" fragte er mich sogleich, als er nun wieder aufrecht stand.

„Ne", gab ich ihm Antwort, „Russisch kann ich aber, Spitzki heißt Streichholz. Ich kann natürlich auch noch andere Worte auf Russisch sagen."

„Alle, die hier wohnen, sprechen nur Englisch", wußte er und zeigte dabei in die Richtung der Tommywohnungen. „Nur einige von denen können ein paar Wörter in unserer

Sprache reden. Wenn du willst, bringe ich dir das Englisch-sprechen bei. Du kannst mir dafür deine russischen Wörter sagen", schlug er mir vor.

„Meinst du, daß die Russen auch bald hierher kommen?" mischte sich nun einer der beiden anderen Jungen, die bisher nur zuschauend an unserem Tun und Reden teilge-nommen hatten, in das Gespräch ein.

„Möglich ist das", tat ich mich wichtig. „Ich kenne die Russen gut, hab Freunde unter ihnen, bin sogar mit denen Patrouille gefahren."

Staunen lag auf den Gesichtern der drei. Hatte mein Blitz-sieg über den Größeren, der scheinbar bisher der König dieser Straßenecke war, schon Ehrfurcht vor mir bei ihnen aufkommen lassen, so war die Tatsache, daß ich den Russen kein Unbekannter war nun ganz bestimmt Grund genug, den alten König sofort abzusetzen und mich auf den Thron zu heben.

Natürlich wurde hierüber nicht gesprochen, aber aus der Unterwürfigkeit aller drei war dies deutlich herauszulesen. Der Große zog aus seiner Hosentasche eine noch nicht an-gerauchte Zigarette hervor und gab mir diese mit den Worten: „Hier hast du schon mal eine." Die beiden kleine-ren Jungen beeilten sich daraufhin, mir, fast hastig drän-gelnd, je eines von diesen Kaugummis als Tribut zu überrei-chen.

„Danke", sagte ich großmütig, aber ohne dabei irgend-welche für meinen Stand schädliche Freude zu zeigen und fuhr fort: „Ihr könnt Heinrich zu mir sagen." Hierauf nannten auch sie alle ihren Namen, während ich eines der Kaugummis in den Mund steckte.

„Schmeckt gut", bemerkte ich sofort, und von nun an waren meine Kiefer- und Backenknochen den ganzen weite-ren Tag ununterbrochen in Bewegung.

Ein dunkelgrünes Auto kam angefahren, hielt an, und zwei

von den Tommys stiegen aus. „Heff ju Schuingamm", klang es ihnen wie im Chor von den drei Jungen entgegen. Die beiden Soldaten verharrten in ihrem Schritt, griffen in die Taschen ihrer Uniformen und holten daraus einige dieser Kaugummis hervor. Alle rückten wir näher, und jeder von uns bekam ein paar davon in die hingestreckte Handfläche gelegt. Die Männer sagten noch irgend etwas in ihrer Sprache, was ich aber natürlich nicht verstehen konnte. Mit einem freundlichen Lächeln verschwanden sie dann in dem von uns überwachten Rotsteinhaus.

„Manche sind in Ordnung", meinte der, der Harald hieß, und Peter, das war der andere Kleine, sagte: „Einige sind aber auch ziemlich biestig. Die werfen ihre Zigarettenkippen auf die Straße, und in dem Moment, wenn man sie aufsammeln will, dann tun sie ihren Fuß darauf und zerreiben den Stummel."

„Ja, das hab ich auch schon erlebt", pflichtete der große Erwin bei. „Einer der Tommys hat das bei mir so gemacht. Der hat eine glimmende fast noch halbe Zigarette auf die Straße geworfen. Ich wollte sie mir holen. Da hat er auch seinen Fuß darauf gestellt, und als ich vom Boden zu ihm aufsah, da hat er gesagt „Nix, du Hitlerjunge." Wieder kam ein Auto angefahren. Ein kleines Lastauto war das, und darauf saßen auf seitlichen Pritschen viele Soldaten. Als das Auto hielt, sprangen sie behende von der Ladefläche und gingen auf die Haustür zu. Keiner von denen beachtete uns, aber zum Glück rauchten einige von ihnen. Komisch war das, als ob keiner von ihnenn da drinnen im Haus Lust hatte, weiter an seiner Zigarette zu saugen. Sechs Zigarettenkippen flogen auf das Straßenpflaster, bevor sie in dem Gebäude verschwanden. Reiche Beute fand ich, war das. Ohne daß ich es nötig gehabt hätte, mich selbst zu bücken, zollten die drei Jungen mir, der neuen Obrigkeit, Respekt und führten aus dem Erntesegen den größten Teil an mich *ab. Drei Kippen für mich, und jeder von ihnen behielt einen der Stummel als seinen Anteil.*

Onkel Eduard würde heute abend mit mir zufrieden sein, glaubte ich. Meinen Kopf würde er wieder in Ordnung bringen; und damit hätte keiner mehr einen Grund, über mich zu lachen.

Die Spucke, die sich durch das ununterbrochene Kauen des Kaugummis in meinem Mund immer neu ansammelte, hielt meinen Magen ständig mit aus mir selbst heraus produzierter Flüssigkeit so weit gefüllt, daß ich den ganzen Tag kaum Hunger verspürte. Der, der das erfunden hatte, der hatte was ganz Großes entdeckt, meinte ich. Nicht nur, daß diese Nascherei niemals alle wurde, sondern weil man sich von dem ständig neu im Munde zusammenlaufenden Speichel auch irgendwie aus sich selbst heraus ernähren könnte. Der Geschmack des Kaugummis allerdings, der blieb leider nicht erhalten. Die anfängliche Süße war weg, das Gummi, auf dem ich jetzt schon Stunde um Stunde herumkaute, schmeckte einfach nach gar nichts, oder besser, ziemlich genau so wie meine Spucke.

Der erste Tag in meinem Kippenrevier neigte sich schließlich dem Abend zu. Mehrmals noch waren Autos vorgefahren, denen Soldaten entstiegen. Einmal wurden dann mindestens zehn Tommys auf einmal abgeholt. Bei jedem derartigen Schub waren welche dabei, die Spaß am Rauchen hatten, und so war schließlich nach und nach mein Bestand an Kippen der verschiedensten Längen auf genau dreiundzwanzig und zusätzlich die ganze Zigarette, die mir Erwin gegeben hatte, angewachsen.

Kaugummis hatte ich leider keine mehr bekommen können.

Die beiden kleineren Jungen waren schon vor einiger Zeit gegangen. Nun ging auch ich und ließ Erwin allein zurück.

Dunkle Gestalten in der Nacht

In meine rötlich braune Steppdecke eingekuschelt, saß ich auf dem Flachdach. Schon ziemlich lange war ich hier draußen.

Am Abend, als ich nach Hause gekommen war, hatte ich Onkel Eduard die gesammelten Zigarettenstummel gegeben. Hocherfreut hatte er sich gezeigt und dann auch sein Wort gehalten. Nachdem er die Stummel von dem alten Zigarettenpapier befreit hatte, hatte er den Tabak mit den Fingern auseinander gezogen und so den Zigarettenrest schön locker gemacht. Schließlich hatte er damit seine Pfeife gestopft, ein Streichholz entzündet und unter schmatzendem Saugen den Pfeifentabak mit dem Streichholz zum Glimmen gebracht. In seinem Gesicht war dabei zusehends mehr und mehr ein zufriedener Ausdruck zu bemerken gewesen.

„Hol' mir die Schachtel mit der Haarschneidemaschine aus dem Schrank, mein Junge", hatte er dann zu mir gesagt. Ich holte sie, und er hat, ohne noch weitere Bedingungen zu stellen, die andere Seite meines Kopfes bearbeitet. Ziemlich weit hoch rund herum waren meine Haare am Kopf nun weg, aber die würden schnell wieder nachwachsen, hatte Onkel Eduard gesagt. Etwas zuviel hätte er gestern von meiner anderen Kopfseite weggenommen.

Während des Abendessens – es gab Pellkartoffeln mit Salz – war plötzlich das Mädchen Gerda durch die Tür gekommen. Ich hatte sie vorher noch nicht gesehen, weil sie nie dagewesen war, seit ich in dieses Haus gebracht worden war. Aber Martin könnte Recht haben, sie schien tatsächlich nett zu sein. Sie war an den kleinen runden Tisch gekommen, an dem immer nur meine Schwester, ich, und wenn er wieder aus dem Krankenhaus kommen würde, auch mein kleiner Bruder beim Essen sitzen durften.

„Ich heiße Gerda", hatte sie gesagt, als sie mir ihre Hand zur Begrüßung gab; und sie hatte mich angelächelt. Dann war sie zum großen Tisch an ihren Platz gegangen.

Alle haben wir unsere Kartoffeln gegessen und Martin hat später wieder das Geschirr gespült! Gerda hatte sich gleich nach dem Essen von ihrem Platz erhoben und war zusammen mit meiner kleinen Schwester nach oben in ihr Zimmer gegangen.

„Kannst du singen?" hatte Erna mich, noch in ihrem Lehnstuhl am Tisch sitzend, in dem Augenblick gefragt, als Onkel Eduard eine große Rauchwolke aus seinem Mund entließ.

„Ja, singen kann ich", hatte ich geantwortet und dabei in dem Moment ihren Kopf nur durch die Qualmwolke hindurch sehen können. Ich hatte den von Martin abgewaschenen und danach von mir mit einem Tuch abgetrockneten Teller auf den Tisch gestellt, und sie hatte gefragt, ob ich das Lied „Aber Heidschi Bumbeitschi" kennen würde. „Ja", hatte ich gesagt,„das Lied kenne ich."

Da hatte Erna verlangt, daß ich es ihr vorsingen sollte. Ich mochte nicht vorsingen; noch nie hatte ich alleine vor anderen ein ganzes Lied gesungen. Ein, zwei Töne aus Spaß bei irgendwelchen Spielen vielleicht mal, das ja, aber ein Lied vollkommen ganz alleine, da blamierte ich mich.

„Ich mag nicht allein singen", hatte ich gesagt.

Da war Erna hartnäckig geworden, und auch die Freundlichkeit, die ich mir mit den Zigarettenstummeln von Onkel Eduard erkauft hatte, hatte nicht mehr länger vorgehalten.

„Wenn Tante Erna will, daß du ihr ein Lied vorsingst, dann tu' das bitte", hatte er mir mit der ihm eigenen, keinerlei Widerspruch zulassenden Stimme und Betonung befohlen.

Martin war mit seiner Arbeit fertig gewesen und hatte sich schnell verdrückt, und so hatte ich ganz alleine in der Wohn-

küche vor den beiden gestanden und mit peinlich gesenktem
Kopf leise mit wackliger Stimme gesungen:
Aber Heidschi – bumbeitschi schlaf süße,
die Engel lassen dich grüßen, sie lassen
dich grüßen und lassen dir sagen, sie
werden dich rüber ins Himmelreich tragen,
aber Heidschi – bumbeitschi bum bum, bum bum,
aber Heidschi – bumbeitschi bum bum.
Nach der ersten Strophe hatte ich aufgehört, weil ich dachte,
er und sie seien nun zufriedengestellt. Es war aber nicht so.
„Los, sing weiter", hatte Eduard mir energisch befohlen und
dabei war in seinem Gesicht wieder der gleiche böse Aus-
druck wie am vorherigen Abend aufgetaucht. So hatte ich
alle Strophen des Liedes durchsingen müssen, und erst dann
durfte ich nach oben in mein Zimmer gehen.

Als es ganz dunkel geworden war, wollte ich mir die
Sterne ansehen, die immer und ewig gleichmäßig gut waren.
Ich nahm darum meine Steppdecke, stieg wieder – wie schon
am Abend zuvor – mit den Füßen auf die Strohsackliege und
zog mich von dort aus durch die Dachluke hinaus, auf das
Dach.

Viele Stunden saß ich nun schon hier, und mir wurde unter
meiner Decke nicht kalt.

Im Hause war es ganz ruhig. Schon lange schliefen alle,
auch Eduard und Erna. Dann und wann fielen auch mir die
Augen zu. Kaum mehr Willen hatte ich noch, wieder durch
das Dachlukenfenster zurück in meine Kammer zu klettern.
Ein Stern möchte ich sein und von da oben hinunterleuch-
ten. Arglist und Gemeinheit, auf die ich schon so oft getrof-
fen war, könnten mir dann nichts mehr anhaben. Wenn mir
das, was mir alles von da aus an verwerflichem Tun der
Menschen Tag für Tag vor Augen käme, schließlich zuviel
würde, dann könnte ich mein Licht einfach verlöschen
lassen; oder auch ...... hellwach war ich plötzlich. Unten im

Garten hatte ich Geräusche gehört. Da wieder ein Rascheln,
dann ein Knacken. Vorsichtig kroch ich aus meiner Decke.
Dann ging ich in die Bauchlage und bewegte mich robbend
an den Rand des Flachdachs.

Schon jetzt konnte ich etwas ausmachen: Im Garten unter
mir huschten Gestalten herum. Irgend jemand war an den
Kaninchenställen. Ich hört das Quieken eines der Tiere.
Dann fluchte eine Männerstimme leise: „Verdammt!" Und
danach war nochmals das ängstliche Quieken des Kanin-
chens zu vernehmen.

Da, auch am Hühnerstall machte sich einer zu schaffen.
Lautes Gegacker war zu hören. Mit einem Sack huschte eine
Gestalt zum Zaun, an dem das Nachbargrundstück anfing.
Und genau an der Stelle, hinter den Büschen, die schon auf
dem anderen Grundstück standen, mußte auch noch einer
sein. Denn der, der da hingeschlichen war, gab seinen Sack,
in dem etwas drin sein mußte, zu dem rüber, der, für mich
verdeckt, auf der anderen Zaunseite im Buschwerk stand.

Irgend etwas redeten die beiden miteinander. Was sie aber
sagten, konnte ich nicht verstehen. Schon wieder kam eine
dunkle Gestalt vom Hühnerstall. Auch sie gab einen gefüll-
ten Sack an den weiter, der beim Busch des Nachbarn stehen
mußte.

Plötzlich war mir sonnenklar, was die da unten trieben. Die
klauten Eduards Hühner und auch seine Kaninchen. Alarm
geben, durchfuhr es mich; ich muß alle wecken, damit wir die
Diebe vertreiben konnten. Schon hatte ich mich gedreht, und
ich schickte mich an, auf meine Dachluke zuzukriechen, als
mir der Gedanke kam: Eduard und Erna hatten eine Strafe
verdient. Sie waren durch und durch gemein. Die Hühnerei-
er würden sie sowieso alleine aufessen, was also scherte es
mich, was die da unten machten. Sie sollten die Hühner und
Kaninchen nur alle mitnehmen. Eduard würde nicht viel
böser sein können, als er sowieso schon war.

Alle Müdigkeit war verflogen, und aufmerksam sah ich mir das Treiben da unten an. Eduard würde platzen vor Wut, und auch die dicke Erna würde in ihrem Lehnstuhl morgen nicht nur schöne Stunden haben.

Noch eine Viertelstunde etwa dauerte der Spuk unter mir im Garten an, dann war alles vorbei. So lautlos, wie die Diebe gekommen waren, verschwanden sie auch wieder. Ich nutzte die kurzzeitig verflogenen Müdigkeit dazu, mir meine Decke zu greifen und durch die Bodenluke zurück in meine Kammer zu klettern. Auf meinem Strohsack kuschelte ich mich wieder in die noch immer nach Bodenstaub riechende Steppdecke und fiel dann auch schnell in tiefen Schlaf.

Mein Schlafplatz ist im Hühnerstall

Eine ganze Zeit lebte ich nun schon im Hause von Erna und Eduard.

Im großen Auslauf stolzierten am Tage wieder Hühner herum – fünf Kaninchen waren auch täglich neu mit Futter zu versorgen, und das Leben verlief in der ständig gleichmäßigen Mühseligkeit.

Wenn ich an den Tag zurückdenke, an dem Martin mit lautem Geschrei von seinem Fütterungsgang zurück aus dem Hühnerstall in das Haus gerannt kam, dann läuft mir noch heute ein Schauer über den Rücken. Ich war an dem Morgen allein in der Küche, weil wir beide, Martin und ich, allmorgentlich die ersten Handgriffe im Hause, Hühner und Kaninchen füttern, Feuer im Ofen der Küche machen und auch den Frühstückstisch decken, zu erledigen hatten. Schon während des Laufens vom Stall auf die Terrassentür zu hatte er geschrien: „Die Hühner sind weg! Heinrich, schlag Alarm im Haus, Diebe waren in der Nacht hier und haben alle Hühner geholt!"

Es war nicht mehr nötig gewesen, Alarm zu schlagen; Eduard und Erna hatten sein lautstarkes Lamentieren, in ihrem Ehebett liegend, schon gehört. Beide zusammen, der Mann vorweg und Erna hinterher, waren sie, noch mit ihren Nachthemden bekleidet, aus dem Schlafzimmer die Treppe hinunter in die Wohnküche gestürzt. Eduard hatte dabei erheblich mehr Geschwindigkeit entwickelt, als ich ihm wegen seiner Lahmheit zugetraut hätte. Weil ich gerade auf dem sehr engen Flur vor der Treppe gestanden hatte, um meinen Alarmruf abzusetzen, rannten die beiden mich glatt um. Den Stoß von Eduard, den hatte ich gerade noch abfangen können; aber Ernas massiger Körper, der hat mich bei ihrem Versuch, sich eilig an mir vorbeizudrücken, wie ein Magnet zuerst wohl angezogen, dann aber plötzlich einfach fallen lassen. Ich war zwar schnell wieder auf den Beinen; aber die beiden waren schon durch die Küche hindurch auf die Terrasse gestürzt, wo sie auf den erregten Martin trafen. Eduard hatte dann voll Wut mehrfach laut aufgeschrien, und Erna wollte augenblicklich von dem lieben Gott wissen, warum er so etwas zugelassen hatte. Sie bekam aber keinen Fingerzeig von oben, wo der liebe Gott irgendwo sein Reich haben sollte. Und überhaupt hatte ich in dem Augenblick gedacht, der, den sie jetzt plötzlich in ihrer Not anrief, würde schließlich ganz genau wissen, was Erna für eine war, und vielleicht würde der liebe Gott sogar wegen dieser Unverfrorenheit, sich nur in höchster Notlage an ihn zu erinnern, vor Zorn eine seiner Kirchen, die der Krieg vor Zerstörung noch verschont hatte, augenblicklich in sich zusammenstürzen lassen.

„Nein, nicht auch das noch!" war dann Eduards gerade abgeklungenes Wehklagen und Wutgeschrei neu zu vernehmen, als er in die Richtung der Kaninchenställe gesehen hatte. Und da erst war auch von Martin bemerkt worden, daß die kleinen Stalltüren weit aufstanden und keines der Tiere mehr da war.

Die Polizei, die gar nicht weit von uns entfernt ihren Posten hatte, war schließlich geholt worden. Der Schutzmann hatte alles sehr gründlich inspiziert und war sogar zweimal rund um das große Hühnerhaus gegangen. Auch in die Kaninchenställe hatte er seinen Kopf gesteckt, gerade so, als ob es darin etwas gab, wohinter sich ein Tier hätte verstecken können.

Sie waren also weg, die Hühner und die Kaninchen; und sie blieben auch verschwunden. Eine ganze Woche lang hat Eduard furchtbare Wut im Bauch gehabt, und man mußte sich während dieser Zeit ganz besonders vor seinem Spazierstock in acht nehmen. Meine Schienbeine beklopfte er mehrfach damit, wie er auch mit seinen Schlägen die Beine von Martin bläulichgelb färbte. Aber obwohl er sich von dem Morgan an für längere Zeit ständig am Tiefpunkt menschlicher Niedertracht bewegte, hatte ich ja keinen Grund gehabt, mich darüber zu beklagen.

Schließlich hatte ich ja in der frühen Nacht, als die Diebe Hühner und Kaninchen geholt hatten, keinen Alarm geschlagen und so also an der Stimmung von Eduard und Erna die Schuld. Und trotzdem war ich zufrieden. Seine Gemeinheit, die er sich gleich am Anfang meines Aufenthalts in seinem Haus in der Verstümmelung meines Kopfes durch den nur einseitig vollzogenen Haarschnitt geleistet hatte, war für ihn nicht lange ohne Folgen geblieben. Die Gewißheit, ihm auf irgendeine Art auch beikommen zu können, hatten mich den Schmerz durch empfangene Schienbeinbeklopfungen dann auch viel besser ertragen lassen.

Wegen meiner erfolgreichen unsichtbaren Gegenwehr hatte ich beschlossen, ihn auch weiterhin im Verborgenen solange den einen oder anderen Grund für allerschlimmsten Ärger zu liefern, bis er vielleicht eines Tages seine Niederträchtigkeit anderen gegenüber einfach leid sein würde.

Erna hatte an einem Abend den Einfall, wie man der ihrem Hause zugefügten Ungerechtigkeit beikommen könnte. „Wißt ihr was", sagte sie plötzlich mit heiterer Miene „wir machen es genauso wie die, die uns beklaut haben; warum schließlich auch nicht". „Ja, du hast wohl recht", stimmte Eduard ihr als erster zu, „stellen wir die Gerechtigkeit wieder her." Und so waren Martin und ich dann viele Abende, jeder mit einem Sack unter den Arm geklemmt, bis in die tiefe Nacht in den umliegenden Gärten unterwegs, um die Gerechtigkeit wieder ins Lot zu bringen.

Fünf Kaninchen hatten wir schließlich zusammengestohlen, aber Hühner konnten wir nirgendwo auftreiben. Die Leghorns, die hier nun aufgereit vor mir auf der Stange

saßen, die hatte Erna irgendwo in Farmsen gegen Klei-
dungsstücke und einige Bücher eingetauscht und sie dann
bringen lassen.

Wir hatten also wieder Federvieh, und damit uns dieses
nicht erneut aus dem Stall geholt werden konnte, war Erna
auf die Idee gekommen, aus mir mehr Nützlichkeit für das
allmorgendlich zugeteilte trockene, zwei normale Schei-
ben dicke Brotstück und den Becher schwarzen Mischkaf-
fee herauszuholen. „Du, Heinrich, mußt auf dem Liege-
stuhl, den du dir aus dem hinteren Kellerraum holen
kannst im Stall schlafen", hatte sie angeordnet und dann
noch gesagt: „Wenn die Diebe wieder auftauchen,
schreist du so laut, wie du kannst, um Hilfe; dann rennen
die von alleine weg."

Ja, und nun lag ich hier schon eine ganze Zeit Abend für
Abend. Die Hühner neben dem Liegestuhl auf ihrer Sitzstan-
ge hatten sich zwar schon an mein Dasein während der
Nacht gewöhnt; aber ich hatte trotzdem manchmal das
Gefühl, daß der Hahn mir ab und zu deutlich machen wollte,
daß dieses Holzhaus eigentlich nur für so einen, wie er einer
war, und dann noch für die, die neben ihm hockten und Eier
legen konnten, bestimmt war. Nicht immer, aber hin und
wieder, kam er unverhofft zu mir auf den Liegestuhl gehüpft
und fing an, wütend auf mich einzupicken. Der war nicht
feige und seine Schnabelhiebe und Flügelschläge waren
nicht von schlechten Eltern. Als er mir aber einmal sogar
auf den Kopf, ganz über mein rechtes Ohr bis zum Hals hin-
unter geschissen hat, da ist mir schließlich der Kragen ge-
platzt. Ich bin aufgesprungen, hab ihn an seinen Beinen
gepackt und bin extra mit dem wild mit den Flügeln schla-
genden Streithammel nach draußen vor den Hühnerstall ge-
gangen. Da hab ich ihn solange durch die Luft geschleudert,
bis er besinnungslos geworden ist. Dann bin ich wieder in
den Stall zu meinem Liegestuhl gegangen und hab ihn zu

seinem Schlafplatz rübergeworfen, von wo aus seine Hennen aufgeregt gackernd und flügelschlagend dem Strafvollzug zugesehen hatten.

Seit diesem Tag war der Hahn bei mir ziemlich vorsichtig geworden. Nur hin und wieder einmal, wohl um vor seinen Hennen nicht ganz so mickrig dazustehen, versuchte er noch, einen kleinen Scheinangriff vorzuführen. „Wenn du dir heute was erlaubst", drohte ich ihm mit lauten Worten und nickte dazu bestätigend mit dem Kopf, „dann reiß ich dir alle deine Schwanzfedern vom Hintern."

Er schien zu wissen, daß ich dies nicht nur so zum Spaß gesagt hatte, denn er tat so, als sei plötzlich große Schläfrigkeit über ihn gekommen. Das eine Auge, das ich von hier aus sehen konnte, schloß sich, und für diesen Abend schien ich wohl Ruhe vor ihm zu haben.

Es war später Herbst, und es wurde draußen schon früh dunkel. In den Nächten schlich sich die Kälte in den Hühnerstall ein. Ich zog mir deswegen die Steppdecke hoch bis zu meinem Hals und schloß die Augen. An meinen Freund Hansi dachte ich und an Igor, den Russen, und dann auch noch an Siegfried, den SS-Mann. Viele Abenteuer hatte ich schon erlebt, hundertmal mehr, wie es für einen Jungen meines Alters üblich war.

Und nun lag ich hier unwürdig zwischen einigen Hennen und einem streitsüchtigen Hahn. So durfte es nicht immer bleiben, beschloß ich. Vielleicht sollte ich schon bald von hier weggehen.

Feuerholz für den Winter

Ganz früh war es, noch dunkle Nachtzeit, als Martin mich aus dem Schlaf wach rüttelte.

„Was ist?" fragte ich, noch nicht ganz da, und rieb mir mit den Fäusten die Augen. „Was soll schon sein", gab er mir zur Antwort, „aufstehen sollst du, wir müssen was tun, heute ist Feuerholz holen dran. Dazu müssen wir nach Ohlstedt-Wohldorf."

Durch sein Hereinkommen waren auch die Hühner in ihrem Schlaf gestört worden, und mehr und mehr setzte jetzt ihr Gegacker ein. Ich erhob mich von meinem Liegestuhl, klappte ihn dann zusammen, und während Martin meine rotbraune Steppdecke zusammenrollte und sie aus dem Stall trug, schleppte ich hinter ihm die Liege in die Küche, aus der Licht drang. Ich stellte meine Last in die Nische, dort, wo allabendlich jeder aus dem Hause, außer Erna, Eduard und Gerda, seinen Körper wie eh und je unter fließend kaltem Wasser so abzuschrubben hatte, bis eine gleimäßige Rötung der Haut Erna anzeigte, daß an dieser Stelle des Körpers bis in die tiefste Pore der Schmutz entfernt war.

Martin holte aus dem Fach im Schrank das Brot und die Schneidemaschine, schraubte sie dann wie üblich mit Hilfe der Knebelschraube am großen Küchentisch fest und schnitt unter Drehung der Handkurbel vom Brotlaib zwei gleich dicke Stullen ab. Ohne den üblichen Trick hatte er die beiden Brotscheiben heruntergeschnitten, und deswegen gab es für keinen von uns heute einen extra Brocken. „Hier siehst du es", sagte er und hielt mir das um die gerade abgetrennten Brotscheiben kleiner gewordene Reststück vor die Augen, „da ist Ernas Markierung."

Ja, sie hatte wie üblich durch einen keilförmigen Einschnitt in der oberen halbrunden Kruste ihr Zeichen am

Brot hinterlassen. Wehe, wenn wir die Maschine anders eingestellt hätten und uns so, ziemlich ehrlich bleibend, zwar
auch nur zwei Stullen, dafür aber besonders dicke vom Brotlaib abgeschnitten hätten. Der Markierungspunkt wäre
überschnitten worden, und das war etwas, was Eduard
abends mit schlimmster Prügelstrafe geahndet hätte. Schon
für den von Martin herausgefundenen Trick, der darin
bestand, die Kurbel der Brotschneidemaschine ganz
langsam zu drehen, wenn das kreisrunde Messer fast durch
das Brot hindurch war, hatte Eduard – als ich es einmal versucht hatte – mir seinen Spazierstock mehrmals über das
Kreuz gehauen. Als ich dabei gleichzeitig, wie es nötig war,
den Brotlaib, von dem die Stulle abgetrennt werden sollte,
doppelt so kräftig gegen die Messerscheibe preßte, hatte er
von seinem Platz aus zu mir hingesehen und gesagt: „Den
Trick, den du da versuchst, mein Junge, den kenne ich inzwischen auch schon." Aber genau in diesem Moment war
mein Vorhaben dann auch gelungen. Durch das mehr Schieben als Schneiden brach aus dem Brot der erhoffte große
etwa dreieckige Riesenkrümel zusätzlich zu der abgetrennten Stulle heraus. An meinem Erfolg hatte ich jedoch nur
Freude, die mit Schmerzen verbunden war, denn genau in
diesem Moment traf das Griffstück des Spazierstocks das erstemal meinen Rücken. Ich wollte am Küchenschrank
entlang hinter Ernas Stuhl herum schnell an Eduard vorbei.
Erna aber hinderte mich, so den Schlägen zu entkommen.
Noch drei Stockhiebe, wahllos über den Körper geschlagen,
hat mich der Brotkrümel gekostet, den Eduard mir dann
wegen einer irgendwo tief in seinem Innern verborgenen
Sportlichkeit aber doch zum zusätzlichen Verzehr gelassen
hat.

„Hier beiß rein, Heinrich. Es wird Zeit, du mußt auch
noch deinen Liegestuhl in den Keller tragen", sagte Martin
und reichte mir eine der Stullen.

Ich nahm sie, biß ein Stück vom trockenen Brot ab und machte mich kauend daran, eilig während meines Frühstücks die Liege in den Keller hinunterzutragen. Schnell hatte ich diese Arbeit erledigt, die ich deswegen jeden Morgen wieder neu auf mich nahm, damit die Hühner nicht während meiner Abwesenheit mein Nachtlager als Toilette benutzten. Martin hatte die Zeit genutzt, auch für mich einen Becher mit Wasser zu füllen, den er mir nun über die Platte des großen Tisches zuschob. Üblicherweise gab es morgens warmen schwarzen Mischkaffee. Aber oftmals tranken wir beide einfach Wasser zu unserem Brot. Es lohnte nicht, extra für uns Kaffee zu kochen, und schmecken tat der sowieso nicht.

„Mensch, paß doch auf", schimpfte Martin, weil ich beinahe eine Tasse vom Küchentisch gerissen hatte. Er hatte sie gerade noch auffangen können und stellte sie nun wieder ordentlich auf eine auf dem Tisch befindliche Untertasse, wo Eduard, Erna und Gerda in etwa zweieinhalb Stunden frühstücken würden. Und während die drei dann so um 6.30 Uhr frühstückten, mußten wir beide uns beeilen, mit je einem Stück Baum über der Schulter rechtzeitig wieder aus dem Forst zurück zu sein, damit wir um 8 Uhr in der Schule sein konnten.

Ja, ich war wieder bei einer Schule angemeldet worden. Erna selbst hatte es schon nach einiger Zeit meines Hierseins getan. „Du, Heinrich, du und deine Geschwister, ihr müßt dort in die Schule gehen, wo auch Martin hingeht", hatte sie eines Morgens gesagt. Dann hatte sie ihr geblümtes Kleid angezogen, darüber den Mantel, hatte sich einen Hut auf den Kopf gesetzt und war mit mir und der Schwester zum Graudenzer Weg gegangen, wo die Volksschule war.

Mich hat der Rektor in die dritte Klasse gesteckt, wo ich Mühe hatte, das zu begreifen, was der Lehrer an immer neuen Rechenkünsten und Wissen, wo genau dieses und jenes Land auf unserer Erdkugel seinen Platz hat und anderes, vom Pult auf uns Schüler herunterprasseln ließ.

Ich hatte keinerlei Lust, mir das alles anzuhören, und deswegen schon nach dem zweiten Schulbesuch meine Tasche mit Schreibheften, Federhalter und allem, was man so haben mußte, in einem Gebüsch versteckt. Dann war ich in den Trümmern der zerbomten Häuser herumgestrolcht. So gegen Mittag, als die anderen Kinder wieder einen Tag Mühe hinter sich hatten, wollte ich meine Tasche wieder aus dem Versteck hervorholen. Aber sie war verschwunden. So hat Erna also auch sofort mitgekriegt, daß es mich nicht drängte, regelmäßig zwischen den anderen Jungen auf der Schulbank zu sitzen.

„Na, wenn du unbedingt keine Lust hast, zur Schule zu gehen", hat sie gesagt, „dann kannst du dich wenigstens anderweitig nützlich machen."

Sie hat mir gezeigt, wie man den Saum an Kleidern und Bettlaken zusammennäht; wie man Strümpfe stopft und auch, wie man auf der Ruffel in Seifenlauge eingeweichte Wäsche solange auf dem Zinkblech vor sich auf und abwärts reibt, bis sie ganz sauber ist. Die ekelhafteste Arbeit war dabei wirklich das Auswaschen von Taschentüchern. Der in der Seifenlauge wieder weich gewordene Glibber ließ in mir jedesmal, wenn er hartnäckig an meinen Fingern kleben bleiben wollte, größten Ekel aufkommen.

An einem solchen Tag, als das Auswaschen von Taschentüchern dran war, wäre ich zehnmal lieber in die Schule gegangen. Aber Erna ließ es nicht zu, daß ich mich um diese Arbeit herumdrückte. Solange man den glibbrigen Auswurf des Schnupfens in Taschentücher einwickeln würde und solange ich in diesem Hause sein müßte, solange war ich dazu verdonnert, mich mit dieser Schweinerei herumzuplagen.

Durch mein Schuleschwänzen konnte ich mit Eduard viel besser auskommen, weil ich ein Teil der vertrödelten Zeit dafür nutzte, für ihn Zigarettenkippen zu sammeln.

„Man braucht nicht unbedingt der Schlauste zu sein", hatte er an dem Abend gesagt, als ich mir für den ersten verbummelten Schulvormittag mit einem richtig kleinen Kippenberg, den ich vor ihm auf den Tisch brachte, seine nachträgliche Zustimmung erkaufte. „Hin und wieder mußt du dich aber in der Schule sehen lassen, sonst kommt die Fürsorge hier bei uns an, und wir kriegen Ärger", hatte er dann aber noch gesagt.

Ja, und deswegen war es nötig, von unserer Holztour zeitig aus dem Wald zurück zu sein, denn ich war schon wieder tagelang nicht in der Schule gewesen. Vielleicht wußte mein Lehrer auch gar nicht mehr, wie ich genau aussah, dachte ich gerade, als Martin vor mir als erster durch die vordere Eingangstür das Haus verließ. Ich war gleich hinter ihm, schloß die Tür, und so zogen wir nebeneinander dorthin, von wo auch noch andere Menschen für den kommenden Winter Feuerholz herbeischafften. Ja, wir würden uns beeilen, nahm ich mir vor; ich hatte für diesen Tag noch einen anderen Grund, in die Schule zu gehen. Ich hatte eine kleine Schachtel voll von den manchmal nich ganz rund gewordenen Kugeln hergestellt. Wie wild würden sie da hinterher sein, meine Klassenkammeraden, glaubte ich. Die, die Brot mit in die Schule bekamen, sollten für zwei meiner Produkte eine Stulle, auf der möglichst Wurst sein müßte, an mich zahlen. Und der, der kein Brot abgeben wollte, der könnte mir auch Geld oder was er sonst noch gut zu gebrauchendes hatte zum Tauschen anbieten.

Wenn mein Absatz gut laufen würde, dann wollte ich meine Produktion steigern, nahm ich mir vor.

Meine Kugeln könnten mich vielleicht nach und nach reich machen. Es würde nicht von heute auf morgen gehen, aber schließlich könnte ich wohl eines Tages einen großen Batzen Geld und noch so manches andere zusammenge-kratzt haben.

Ein Schultag

Wir hatten Glück, Martin und ich. Mit der Hochbahn waren wir vom Bahnhof Wandsbek-Gartenstadt nach Ohlstedt-Wohldorf gefahren, hatten dort schnell aus einem schon gefällten Baum zwei Stücke herausgesägt, so groß, daß jeder von uns eins tragen konnte, und dann waren wir mit dem Holz über den Schultern damit rechtzeitig wieder zu Hause angekommen. Ich hatte schnell noch – wie üblich – die Hühner um einen Teil ihres Futters betrogen, indem ich heimlich die abgekochte Kartoffelschale unter den von Erna mit Futterkalk überstreuten oberen Schalenringen hervorholte und sie mir während der Fütterung heimlich einverleibt.

Meine Zwergenschultasche holte ich mir aus der Bodenkammer, verstaute die Schachtel mit den von mir nicht so kugelrund hingekriegten Kaugummis in meinen Kleidern und machte mich auf den Weg in die Schule.

Der Lehrer würde heute Augen machen, dachte ich. Der glaubte wohl, ich wüßte keine Tricks, aber da hatte er sich schwer in mir getäuscht! Mit dem Rohrstock hatte er mir auf die Fingerspitzen jeder Hand zwei schlimme Schläge verpaßt, weil die Explosion, die ich während der Pause auf dem Schulhof gemacht hatte, etwas außer Kontrolle geraten war. In eine Schlüsselöffnung hatte ich, wie schon so oft, ein wenig von dem roten Zeug hineingepreßt, das sich am Kopf eines Streichholzes befindet und das Hölzchen bei sachgerechtem Gebrauch zum Brennen bringt. Der Rothaarige, der mit den Sommersprossen, der zwei Sitzbänke vor mir in der Reihe saß, der hatte mich aber aufs Kreuz gelegt. Dafür würde ich ihm noch die Rechnung präsentieren. Umsonst konnte mich so einer, für den ich noch nicht einmal meinen besten Fußhebel anzusetzen brauchte, um ihn auf den Boden zu werfen, nicht so gemein hintergehen.

Es war zuviel, was ich vom abgeschabten Streichholz in die Öffnung des Schlüssels hineingepreßt hatte, weil nämlich schon was drinnen gewesen war. Der Rotfuchs hatte mir den am Band hängenden Schlüssel gegeben und scheinheilig gefragt, ob ich es wagen würde, hinter dem beaufsichtigenden Lehrer unten auf dem Hof eine Explosion zu machen. Natürlich mußte ich zustimmen, dem Lehrer auf diese Weise mal ordentlich die Knochen zum Wackeln zu bringen, schließlich stand mein Ruf, unerschrocken zu sein auf dem Spiel. Aber dieser hinerhältige sommersprossige Sohn eines Postboten hatte mir verschwiegen, daß er schon mindestens den Schwefel von fünf Streichholzköpfen abgeschabt und in die Schlüsselöffnung hineingestopft hatte. Durch meine zusätzliche Füllung hatte ich eine richtig kleine Bombe produziert.

In der Pause bin ich in die Nähe des Lehrers gegangen, dem ich den Schock versetzen wollte. Dann hab ich ahnungslos den Nagel, der am anderen Ende des Bändchens hing, an dem schon der so reichlich aufgefüllte Schlüssel befestigt war, mit der Spitze voran in die Schlüsselöffnung gesteckt. Dort genau in der Mitte, an der auf der einen Seite der Schlüssel und auf der anderen der Nagel war, durchlief das Band meine zur Faust geschlossene Hand. Etwa 40 cm tiefer hing daran der aufgefüllte Schlüssel, in dem, mit der Spitze auf die Füllung gerichtet, der Nagel in seinem holen Rohr steckte. Ich schwang das von mir so Zusammengefügte ein wenig nach hinten und ließ dann den Nagel auf der Seite gegen die Mauer prallen, auf der üblicherweise ein Hammer auf einen Nagel treffen soll. Der Explosionsknall war beachtlich, und tatsächlich hat der nah bei mir stehende Lehrer vor Schreck für einen Augenblick auch ziemlich weiß im Gesicht ausgesehen.

Aber etwas anderes war auch passiert, und damit hatte ich nicht gerechnet. Der Schlüssel war auseinander geflo-

gen, und ein Teil war einem Schüler in den Hals eingedrungen. Es hat ziemlich geblutet und der betroffene Mitschüler hat mir wirklich leid getan. Aber ich konnte ja nichts mehr machen, der Splitter war in seinem Hals, und nur im Krankenhaus konnten sie es ihm wieder herausschneiden.

Zuerst hat mir der Lehrer, der sich schnell wieder gefangen hatte, sofort noch an Ort und Stelle ein paar gehörige Ohrfeigen verpaßt. Dann war der Rektor dran; der hat bei der Bestrafung auf meinen Hintern einen seiner zahlreichen Rohrstöcke zuschanden geschlagen. Ja, und danach noch unser Klassenlehrer, der mir für diesen Streich meine Fingerspitzen so gemein beklopft hat.

Aber genug ist genug. Es war ja nicht meine Absicht, daß der Schlüssel auseinander und ausgerechnet dorthin flog, wo der Junge stand.

Ein ganzes Heft voll, jede Seite von oben bis unten, mußte ich mit dem Versprechen vollschreiben: Ich habe mich in der Schule unanständig betragen. Das hatte unser Lehrer mir auch noch als Strafarbeit aufgebrummt. Nun, Heftseite ist Heftseite. Es gibt große Schreibhefte und kleine. Was für ein Heft ich vollschreiben sollte, davon hatte er nichts gesagt. Und weil ich gut nähen konnte und ich mir schon für meine nicht wiedergefundene alte Schultasche aus Sackstoff eine neue gemacht hatte, war mir eine gute Idee gekommen, als ich mich gerade daran machen wollte , die erste noch vollkommen unbeschriebene und mir einfach zu riesig erscheinende Schulheftseite mit diesem Blödsinn vollzuschreiben.

Das Heft wollte ich rundherum abschneiden, bis es so klein war, das höchstens ein paar Worte auf eine Blattseite paßten; das war meine gute Idee.

Ich hab es getan, und die Seiten waren danach schnell vollgeschrieben. Damit aber alles zusammenpaßte, war ich dann sofort auch auf den Gedanken gekommen, die gerade neu genähte Schultasche und dann auch noch alles andere, *was da hinein gehörte, in dem gleichen Maßstab zu verkleinern. Ich hab geschnitten und genäht, bis alles ganz genauso ausah, wie eine Schultasche samt Inhalt, die vielleicht irgendein Zwerg bei mir hatte stehenlassen.*

Und nun hing sie genau vor meinem Bauch, denn ich hab noch ein Stück vom alten Hosenträger daran genäht und so daraus eine gut zu tragende Umhängetasche gemacht.

Ich war schon ein ziemliches Stück Weg gegangen, als ich auf Berthold traf, der neben mir auf der Schulbank saß. „Mensch", sprach der mich sogleich an, „sieht man dich auch mal wieder?"

„Ich war krank", log ich, „einige Tage mußte ich im Bett liegen."

„Ach, deswegen hast du gefehlt", sagte Berthold. „Ich hatte schon gedacht, und auch der Lehrer hat das vermutet, daß du dich wegen der Explosionsgeschichte für immer aus dem Staub gemacht hast. Du wohnst doch bei Leuten, die nicht deine wirklichen Eltern sind?" fragte er.

„Ja", gab ich ihm Antwort, „Pflegeeltern sind das, bei denen ich wohne. Auch andere Kinder leben dort, ein Junge und noch ein größeres Mädchen, eine Schwester von mir und später auch mein Bruder, wenn der wieder aus dem Krankenhaus heraus ist."

„Ich finde dich prima", sagte Berthold, „weil du den Rotfuchs, der dir den Streich mit dem Schlüssel gespielt hat, nicht verraten hast."

Er hatte mich, während wir nebeneinander gingen, bei seinen Worten von der Seite aus angesehen. „Rote Haare, Sommersprossen, sind des Teufels Volksgenossen", sagte er mit so gelungener Betonung auf, daß er dafür vom Lehrer eine glatte zwei in dessen schwarzes Notizbuch geschrieben bekommen hätte, wenn dem das eben Gesagte zu Ohren gekommen und es außerdem – anstatt von roten Haaren und dem Teufel – vielleicht etwas von einem Dichter gewesen wäre.

„Harald Staschen ist der Hinterhältigste aus der ganzen Schule, und dafür hat er wohl, ganz zu recht, schon gleich bei seiner Geburt die roten Haare und auch die Sommersprossen verpaßt bekommen."

„Ja, ich hab auch schon gemerkt, daß man sich vor den Rothaarigen in acht nehmen sollte", gab ich ihm recht. „Aber Angst vor dem Schlappsack habe ich nicht; ich werde ihm seine Gemeinheit irgendwann heimzahlen", versprach ich.

Ein weiterer Junge aus unserer Klasse war auf dem Weg zur Schule zu uns gestoßen. „Mensch, du hast ja überhaupt keine Tasche mit, nur dein komischer Brotbeutel hängt vor deiner Brust", bemerkte er sofort.

„Ja, tatsächlich", gab ihm Berthold recht, „dein Brotbeutel sieht wirklich komisch aus. Warum hast du denn keine Schulhefte mit?"

„Ich habe alles bei mir", erwiderte ich und klopfte dabei wie zur Bestätigung mit meiner rechten Hand auf die vor meinem Bauch hängende Stofftasche, die sie für einen Brotbeutel hielten. „Ich mußte alles verkleinern, weil im Schreibheft die Seiten, die ich von vorne bis hinten mit der Strafarbeit vollschreiben sollte, so riesengroß waren."

„Du hast von allen deinen Schulheften soviel abgeschnitten, bis sie da in diese Tasche paßten?" fragten beide ungläubig staunend, fast gleichzeitig.

„Ja, alle", sagte ich. Auch den Federhalter, den Bleistift und die Tasche selbst, die ich mir allein genäht habe, habe ich klein gemacht."

Verblüffung und Ehrfurcht vor soviel Frechheit konnte ich in beiden Gesichtern erkennen.

„Mensch", sagte dann nach einer kleinen Weile des Verdauens Berthold begeistert, „du bist wirklich richtig, bei dir gibt der Lehrer wohl schon bald auf."

Wir hatten inzwischen die Schule erreicht. Noch während wir unter den vielen Jungen und Mädchen, die durch das

Portal ins Haus zu den verschiedenen Klassenräumen drängten, nah beieinander waren, streiften mich die bewundernden Blicke der beiden. Dann kamen wir ins Klassenzimmer, Berthold und ich gingen zu unserem Platz in der vorletzten Bank.

Der Lehrer war noch nicht da. Es war laut, und ich wollte zuerst mal meine Geschäfte abwickeln. Ich holte die unter meinem Hemd vestaute Schachtel mit den von mir handgerollten Kaugummis hervor, schob sie auseinander und stellte die nun sichtbar gewordenen Produkte dort vor mir auf den Tisch, wo im Holz die Vertiefung für Federhalter und Bleistift war. Berthold, der neben mir gerade seinen Platz eingenommen hatte, sah die weißen Kugeln zuerst. Er beugte den Oberkörper vor und war dann mit seiner Nase soweit an der Schachtel, daß er die Kaugummis hätte riechen können, wenn von ihnen ein Geruch ausgegangen wäre. Aber meine Kaugummis rochen nach überhaupt nichts. Ich wußte gar nicht, ob die echten, die noch nie einer im Mund gehabt hatte, überhaupt irgendeinen Geruch hatten. Es könnte schon sein, vermutete ich, besser aussehen taten die Ungebrauchten auf jeden Fall. „Was ist das?" fragte Berthold, und ich sagte: „Das sind Kaugummis, die in der Fabrik nicht ganz rund geworden sind. Meine Tante aus Amerika, die in so einer Fabrik arbeitet, legt für mich immer einen ganzen Karton davon ins Paket, wenn sie an uns ab und zu mal Cornedbeef schickt."

„Hat sich deine Familie bis nach Amerika ausgebreitet?" wollte er nun von mir wissen und sah noch immer sehnsüchtig auf meine Schachtel.

„Unsere Familie ist überall", kam ich augenblicklich ins Schwärmen und dachte in diesem Moment an den Fußhebelwurf vor den Tommywohnungen, den ich da den Jungs als alten Kosakentrick verkauft hatte. „Bei den Kosaken in den Steppen sind wir ebenso zu finden wie in Amerika."

Er nahm seinen Blick in dem Moment von der Schachtel, als der Lehrer den Raum betrat. Aber bevor er ihn dann dorthin richtete, wo im nächsten Augenblick der Klassenlehrer durch seine Erscheinung den Krach im Raum zum Verstummen brachte, hatte mich noch ein Blick getroffen, der noch achtungsgebietender war als derjenige, als er von meinen Trick mit der Schulheftverkleinerung hörte.

Der Junge, in der Bank vor mir verlagerte nun auch sein Interesse von der Kaugummischachtel zur großen Klassentafel.

Alle hatten sich von ihren Plätzen erhoben; der Lehrer ließ lautstark seine Aktenmappe auf das Schreibpult fallen und sagte: „Guten Morgen, Kinder; setzt euch."

Wir gaben im Chor den Gruß zurück, setzten uns, und damit trat augenblicklich Ruhe ein.

„Antons?" „Hier", „Alberts?" „Hier", „Bartels?" „Hier", „Basche?" „Fehlt."

Der Lehrer sah auf: „Was ist mit Basche, warum fehlt der?" Darauf wußte keiner eine Antwort. „Nun, dann weiter: Dittrichs?" „Hier", meldete ich mich und empfand für den Bruchteil einer Sekunde, daß ich irgendwie zuverlässiger war, als der, der Basche hieß und heute nicht da war.

„Sieh mal einer an", freute sich der Lehrer, mich auch unter denen zu haben, in die er versuchte, etwas von seinem Wissen hineinzubringen. „Ich hab mir schon gar nicht mehr genau vorstellen können, wie du aussiehst, mein Junge", fuhr er dann fort, und aus seiner Stimme war nur knapp verborgen ein drohender Unterton heraus zu hören.

„Ich war krank und lag im Bett", sagte ich schnell, „und wegen der Krankheit konnte ich mich kaum bewegen."

„Der Rohrstock des Rektors hat dich doch wohl nicht so unbeweglich werden lassen, daß du tagelang das Bett hüten mußtest", sagte er fragend.

„Nein, das war es nicht; es war Fieber, und die Gelenke taten mir alle weh", erwiderte ich.

„Na ja, darüber reden wir noch", brach er meine Entschuldigung ab und fuhr dann unmittelbar damit fort, alle die namentlich aufzurufen, die nach mir noch in seinem Buch vermerkt waren.

Dann war er damit durch, doch meine gerade aufkeimende Hoffnung, daß er eventuell die Strafarbeit, die er mir zu schreiben aufgebrummt hatte, vergessen haben könnte, war trügerisch. „So", sagte er und klappte dabei das Buch unserer Namen zu, „dann komm man mal mit deiner Strafarbeit zu mir, Heinrich."

Während ich aus meiner Stofftasche das nur noch etwa sechs mal acht Zentimeter große Schreibheft hervorkramte, waren die Augen des neben mir sitzenden Berthold gespannt auf mich gerichtet. Ich unterdrückte das Unbehagen, das gegen meinen Willen in mir aufgekommen war, brachte in mein Gesicht den Trotz und kapselte mich gegen alles, was jetzt eventuell auf mich einprasseln würde, schon einmal ab. Mit dem kleinen Heft ging ich zu ihm, legte es auf sein Pult und wartete daneben stehend auf das, was kommen würde.

Er wollte zuerst nicht glauben, daß das, was ich ihm da auf den Tisch gelegt hatte, der Rest von einem der so schwer zu beschaffenden Schönschreibhefte war.

Als er deswegen nachfragte, was das sein sollte, hab ich gesagt, daß ich große Schreibhefte nicht mochte und sie darum genau wie so manches andere schon immer, solange ich zurückdenken konnte, verkleinert hätte.

Da hat er sprachlos staunend das kleine Heft fast pedantisch so ziemlich Seite um Seite bis zum letzten Blatt umgeschlagen und sich mein Geschriebenes angesehen. „Alles ist drinnen", sagte er, „du hast alles geschrieben." Dann hat er mich wieder angesehen. Das Donnerwetter aber blieb aus. Es war mir, als sah er durch mich hindurch ins Leere.

In seinem Gesicht war überhaupt nichts auszumachen, was mich auch nur etwas zum Erschaudern bringen könnte. Es schien so, als hätte er es in diesem Augenblick aufgegeben, an meinem unkalkulierbaren Tun durch Bestrafung etwas ändern zu wollen. „Setz dich", sagte er, gab mir das Heft und nahm dann den Unterricht auf.

Er ließ mich links liegen, es störte ihn einfach nicht mehr, was ich da mit meinen Heften gemacht hatte. Er wollte sich an mir wohl niemals mehr ärgern und schien zu denken, laß den hier sein oder zu Hause bleiben, mir soll das von nun an keine grauen Haare mehr machen.

Eine Freundschaft entsteht

Wir hatten in der ersten Stunde gerechnet, so manche von diesen verhaßten Formeln gelernt, bis dann endlich das ersehnte Klingeln zu hören war. Ich war in den Augen des neben mir sitzenden Berthold weiter aufgewertet worden, weil die unverhoffte Sanftmut des Lehrers für ihn nicht anders zu deuten war, als eine vor meiner Frechheit gezeigte Kapitulation. „Dem hat es die Sprache weggemacht", hatte er bewundernd leise zu mir gesagt, kaum, daß ich meinen Platz wieder neben ihm eingenommen hatte. Vor einem, wie ich einer war, schien er zu denken, da sollte man selbst auch besser gleich zu erkennen geben, daß man, so weit es ging, zu Diensten sein würde, denn von einem, der so unerschrocken war, daß er es sogar mit dem Lehrer aufnahm, von so einem könnte man vielleicht während einer wieder einmal ausbrechenden Keilerei in der Klasse nur Nutzen haben.

„Ich kann dir die Formeln beibringen, wenn du sie nicht verstanden hast", bot er sich mir vorsichtig an.

Ich wußte, daß man ihn wegen seiner Strebsamkeit hänselte und ihm auch gern einmal eine verpaßte, wenn es sich so ergab. Mindestens dreimal schon hatte ich in der Vergangenheit beobachtet, daß man sich ihn für eine Quälerei oder andere Gemeinheiten als Opfer ausgesucht hatte. Der, der hinterhältig und niederträchtig jeweils der Anführer bei solchem Tun war, das war der Rotfuchs. Bisher hatte ich mich nie eingemischt. Der Rothaarige und ich hatten uns gegenseitig respektiert. Keiner von uns beiden wußte genau, ob er dem anderen in einer Rauferei unterlegen sein würde. Aber mit der Sache, die er mir da mit dem heimlich schon aufgefüllten Schlüssel untergeschoben hatte, da hatte er auf mich den ersten Stein geworfen.

Es würde sich lohnen, dachte ich, einen wie den neben mir sitzenden Berthold zum Freund zu haben; auch wenn er anscheinend – jedenfalls wie ich ihn bis jetzt kannte – ein Feigling war. Obgleich der hinterhältige Harald Staschen ihm schon den einen oder anderen Faustschlag verpaßt hatte, fand er es gut, daß ich das gemeine Tun des Rothaarigen mit dem Schlüssel nicht an den Lehrer verraten hatte, so hatte er mir ja auf dem Hinweg zur Schule erzählt.

Es war etwas Edles an Berthold, fand ich, und ich schämte mich augenblicklich innerlich, daß ich sein Angebot, mir Rechenformeln beibringen zu wollen, als eine ihm nützliche Unterwerfung vor mir gedeutet hatte. „Wenn du willst", bot ich mich ihm an, während wir uns nun alle von den Plätzen zum Pausengang erhoben, „dann könnten wir Freunde werden."

„Ja ich will gerne dein Freund sein", nahm er mein Angebot an.

Wir gingen aus dem Klassenzimmer, den Flur entlang und dann die Treppe hinunter, genau wie die anderen Kinder. Irgendwo auf diesem Weg haben wir uns die Hand gegeben, und es ist eine lange, gute Freundschaft zwischen ihm und mir entstanden.

Wir waren auf dem Schulhof und die, die mit mir Geschäfte machen wollten, umringten mich. Acht selbstgerollte Kaugummis hatte ich; und dafür bekam ich gegen drei Kugeln von dem einen dessen Pausenbrot, von einem anderen ein schönes Ansteckabzeichen und von zwei weiteren Jungen, die je eines der Kaugummis erwarben, ein wenig Geld. Zwei Kugeln hatte ich noch, und der neben mir stehende Berthold, mein neuer Freund, sah sehnsüchtig auf meine Pappschachtel. Er hatte wohl nichts zu tauschen, und dafür war ich dankbar. Ihm ausgerechnet hätte ich auf gar keinen Fall eines der von mir produzierten Kaugummis gegeben. Auch dann nicht, wenn er mir wer weiß was Gutes dafür angebo-

ten hätte. Er war mein Freund, und ihn durfte ich nicht betrügen. Was es mit den Kaugummis auf sich hatte, das konnte ich ihm aber auch nicht sagen. Sicher hätte er mich wegen dieser Sache verachtet. In ihm war etwas, was er auch dann aufrecht erhielt, wenn man ihn schlug. Das hatte er mir dadurch gezeigt, das er es gut gefunden hatte, daß ich den Rotfuchs, der an ihn dann und wann Hiebe verteilte, nicht an den Lehrer verraten hatte.

In mir war das nicht mehr drinnen. Es war mal da, dachte ich, damals, als ich ein Pimpf werden wollte, aber dann hatte es sich verflogen.

„Ich kann dir kein Kaugummi geben", sagte ich, „sie sind zu knapp und wertvoll."

Ja, knapp waren sie wirklich, und kaum zu finden waren die vielleicht schon einen ganzen Tag von irgendeinem Engländer durch und durch gekauten Dinger. Unter den Fenstern der Tommywohnungen, dort, wo ich für Eduard die Kippen sammelte, da waren sie mühsam auf dem Straßenpflaster oder einem Stück Rasenfläche aufzufinden. Bräunlich und in den verschiedensten Formen, so wie sie aus dem Mund von einem, der sie da hingespukt hatte, gekommen waren, fand ich sie.

Jedes einzelne hab ich in beinahe kochendes Wasser gelegt und es dann, nach dem das Wasser im Topf nicht mehr ganz so heiß war, durch ständiges Kneten mit den Fingern wieder weich gemacht. Hiernach, wenn die alten ausgelutschten Kaugummis schön geschmeidig waren, hab ich aus jedem eine kleine Kugel geformt und sie schließlich zwei oder manchmal auch dreimal hintereinander durch aus Puderzucker und Wasser angerührten Guß gerollt.

Wenn sie dannach getrocknet waren, dann sahen sie wirklich gut aus. Wer nicht wußte, aus was sie gemacht wurden, dem konnte wirklich das Wasser im Munde zusammenlaufen, wenn er sie vor seine Augen bekam.

Ich war auf die Idee an dem Abend gekommen, als ich mein allererstes Kaugummi Stunde um Stunde zwischen den Backenzähnen in immer neue Formen gekaut hatte. Meine Kiefer waren dann am Abend ganz lahm, und das Kaugummi hatte inzwischen jeden Geschmack verloren. Zum Wegwerfen war es mir aber einfach zu kostbar gewesen, und so hatte ich dann an einen Zuckerüberzug gedacht. Ich wußte, wie verrückt alle Jungen und Mädchen nach so einem Kaugummi waren, und da war mir die Idee gekommen, bei den Tommys die alten einzusammeln, sie wieder aufzuarbeiten und gegen Brot, wovon einige Klassenkameraden im Gegensatz zu mir genug hatten, einzutauschen.

Meine Geschäfte hatten gut geklappt, fand ich. Ich hatte für diesen Tag etwas im Magen, und hiervon würden schließlich auch Ernas Hühner einen Vorteil haben. Wenn es mir gelingen könnte, ständig neben der trockenen Brotscheibe, die ich allmorgendlich im Hause von Erna und Eduard erhielt, zusätzlich ein oder auch zwei Scheiben Brot und die sogar mit immer wechselndem Aufschnitt – mit meinen Klassenkammeraden gegen Kaugummis zu tauschen, dann würde über meinen Rippen schon bald wieder mehr Fleisch sein.

Ernas Hühner, denen ich ständig einen Teil der abgekochten Kartoffelschale wegaß, könnten vielleicht sogar dann einige Eier mehr legen. Viel Kalkstaub, der den Hühnern zum Eierlegen nützlich sein sollte, war schon in meinem Magen gelandet, weil ich die verzehrte Kartoffelschale, über die der Kalk gestreut war, nie ganz hatte davon befreien können. Und einmal, als ich harten Stuhlgang gehabt hatte, hab ich mich doch tatsächlich nach hinten umgedreht und mit Unbehagen in die Toilettenschüssel gesehen. Man ist ja inwendig anders gebaut als eine Henne, aber trotzdem hatte ich vorher ein Stoßgebet zum lieben Gott hinaufgeschickt und ihn gebeten, aus mir auf keinen Fall ein Ei herauskommen zu lassen.

Man müßte diese Kaugummis, die ich gerade eben an die Jungen eingetauscht und verkauft hatte, auch dann wieder zurückbekommen können, dachte ich, wenn die sich daran lahm gekaut hätten und sie vielleicht, genau wie die Tommys es taten, einfach irgendwohin spuckten. Über einen ständig wachsenden Vorrat an neu herzurichtenden Altgummis würde ich dann verfügen, und ich hätte es nötig, daß viele Männer und Frauen, dicht aneinandergereiht für mich mit flinken Fingern die Arbeit übernahmen, die ich nun noch ganz allein machte. Niemals mehr hungern brauchte ich dann, und die Pellkartoffeln, die mir neben dem Stück Brot, das ich am Morgen in Ernas Haus erhielt, als einzige weitere Nahrung zugeteilt wurden, die könnte sie meinethalben auf ihren eigenen Teller legen, damit ihr Bauch noch runder würde.

Und wenn es zu der Schulspeisung, meinem Mittagessen, hin und wieder eine Tafel Schokolade gab, dann könnte ich die, genau wie die anderen Jungen und Mädchen auch, einfach selber aufessen, Erna hätte nicht mehr die Macht zu sagen: Wenn du mir deine Schokolade nicht ganz, ohne daß du schon daran herumgeleckt hast, aus der Schule mitbringst, dann hab ich auch leider kein Brot mehr für dich."

Als ob sie wirklich das tat, was sie mir und auch Martin einzureden versuchte! Die Schokoladentafeln wollte sie sammeln, um sie uns am nächsten Weihnachten unter den Baum legen zu können, hatte sie gesagt. Martin war aber an einem Abend einmal in ihr Schlafzimmer gekommen und hatte gesehen, wie sie einen Teil von einer Schokoladentafel in sich hineingestopft hat.

„Morgen bringe ich dir auch etwas zum Eintauschen mit", sagte Berthold, als die Klingel die Schulhofpause abläutete. „Wenn du mir traust, dann könntest du mir schon jetzt eines von den Kaugummis geben."

Verdammt! dachte ich, der konnte einen aber auch in die

Zwickmühle bringen. Gab ich ihm eines, dann hätte ich unsere gerade durch Handschlag besiegelte junge Freundschaft schon mit einem dunklen Flecken besudelt. Gab ich ihm keins, dann würde er mich für jemanden halten, der als Freund nicht sehr wertvoll sein konnte.

„Ich hab diese beiden letzten Kaugummis einem versprochen", log ich, „den ich nach der Schule treffen werde. Ich kann dir keins davon geben. Aber morgen oder vielleicht auch erst übermorgen, dann schenke ich dir zwei Stück, die hundertmal besser als diese beiden schmecken."

Er freute sich über mein Angebot, und wir stellten uns nun nebeneinander in die Reihe, wo unsere Klasse zum Einmarsch in das Schulhaus schon ordentlich angetreten war. Vor uns gingen geschlossen die 8., 7., 6., 5. und 4. Klasse ins Haus, und dann waren wir dran. Auf der Treppe, die wir nach oben gingen, fragten mich noch drei Jungen, ob ich Kaugummis hätte.

„Nein", sagte ich, „sie sind alle. Die zwei, die ich noch übrig habe, sind bestellt worden; die kann ich auf keinen Fall weggeben." Ich hab das schweren Herzens gesagt. Vielleicht hätte ich noch eine Scheibe Brot bekommen, oder sonst etwas Gutes, aber es ging ja nicht mehr anders, mein Freund hätte mich dann doch bei einer Lüge ertappt. Ich mußte jetzt dabei bleiben, kein Kaugummi mehr abgeben zu können, weil ich diese letzten beiden aufgrund einer Bestellung an Jungens auszuliefern hätte, die nicht hier in der Schule waren.

Wir kamen in das Klassenzimmer, der Lehrer war noch nicht da, und in dem Moment, als ich zu meinem Platz an der Bank des Rothaarigen vorbeigehen wollte, da hat er es versucht. Blitzschnell hat er mir sein Bein in den Weg gestellt, und weil die hinter mir mich durch ihr Drängeln schubsten, bin ich darüber gestolpert und der Länge nach hingefallen. Ich war aber flink wieder auf den Füßen, und noch während ich hochkam, wußte ich, daß ich den mir kör-

perlich Überlegenen nur auf die gemeinste Art in die Knie
zwingen konnte. Ich mußte ihn sofort einknicken, schon jetzt,
gleich zu Anfang, wo er nun zwischen seinem Tisch und der
Sitzbank heraus, auf den schmalen Gang gekommen war.
Der Kreis, den die anderen Jungen um uns herum zu bilden
anfingen, weil alle dem sich anbahnenden Kampf in guter
Sichtposition beiwohnen wollten, war noch nicht fertig, da
hatte ich es schon getan. Genau mit der harten Spitze meines
Stiefels habe ich mit so großer Wucht sein Schienbein getrof-
fen, wo mir Eduard so gerne mit dem Spazierstock hin-
schlug. Mit einem sich fürchterlich anhörenden Schrei brach
der Rotfuchs augenblicklich regelrecht in sich zusammen.
Er krümmte sich am Boden, rollte seinen Körper wie ein Igel
vor Schmerz immer mehr ein und klagte laut heraus, daß ich
wohl einer der allergemeinsten Kämpfer bin, mit dem er es
jemals zu tun gehabt hatte.

Die umstehenden und sitzenden Jungen sahen auf mich
mit ängstlichem Staunen, und ich wußte, daß eine solche Ge-
meinheit, wie ich sie gerade vollführt hatte, für sie kaum zu
begreifen war. Sie schlugen sich auch dann und wann, aber
es gab dabei Grenzen. Noch niemals hatte wohl einer von
ihnen gesehen, wie wirklich gekämpft wurde. So etwas, wie
die Prügelei des Gärtners, den die beiden Russen damals im
Garten des Waisenhauses mit ihren Füßen bearbeitet hatten,
kannten sie nicht. Aber ich hatte es gesehen und daraus
gelernt, daß man immer damit zu rechnen hatte, selbst von
einem Gegner auf schlimmste Weise traktiert zu werden,
sobald der über einem war. Wenn man schon kämpfte, mußte
man es so tun, daß der Gegner am Boden blieb.

Der Lehrer kam in den Raum, und alle bis auf den Rot-
haarigen, der sich noch immer jammernd am Boden herum-
wälzte, nahmen ihre Plätze ein. Ich hatte mich schon vorher,
gleichgültig tuend, neben Berthold auf die Holzbank an
meinen Tisch gezwängt.

*„Was ist hier los, mit wem hast du dich herumgeprügelt?"
wollte er sogleich vom Rotkopf wissen.*

Und der zeigte natürlich jammernd auf mich und beklagte die Unsportlichkeit, mit der es mir allein gelungen sei, ihn hinzulegen.

*„Natürlich, du wieder. Ich muß mir überlegen, was ich mit dir anstelle, damit du merkst, was Ordnung ist, und wie man sich gegenüber seinen Mitschülern zu benehmen hat",
sagte der Klassenlehrer laut und mit bösen Worten.*

Aber da taten sich meine Klassenkammeraden zusammen. Fast gleichzeitig, wie aus einem Munde, erklärten sie, wer angefangen hatte, und dabei kam auch heraus, daß für die Explosion auf dem Schulhof vor einiger Zeit auch den Teufelsbraten Harald Staschen ein Großteil der Schuld traf.

*„Du hast also Heinrich ganz alleine die Suppe auslöffeln lassen?" wollte der Lehrer nun von dem Roten wissen.
Dabei zog er ihn an den Ohren vom Boden hoch. „Dein Mittäter hat dreifache Prügel bezogen und sogar dann auch noch ein ganzes Heft voll Strafarbeiten schreiben müssen",
fuhr er den Rotschopf böse und ihm deutlich seine Verachtung zeigend an. Er stieß Harald Staschen ohne eine Antwort von ihm abzuwarten wie ein Stück Schmutz auf seinen Platz, und dann ging er nach vorne zu seinem Pult.*

Wir hatten Deutschunterricht in dieser und auch in der folgenden Stunde, und ich meinte, erkennen zu können, wenn sich der Blick des Lehrers mit dem meinen während des Unterrichtes dann und wann einmal traf, daß ich bei ihm eine Aufwertung erfahren hatte. „Morgen schreiben wir ein Diktat", verkündete er zum Schluß der zweiten Stunde; und dann kam die Schulspeisung. Erbsensuppe gab es, und da ich weder Löffel noch Eßgeschirr mitgebracht hatte, weil ich hoffte, die von mir vor dem Schuleschwänzen unter dem Tisch vergessenen Sachen wieder vorzufinden, mußte ich beides von dem ausleihen, der zuerst mit dem Essen fertig war. Wo mochte mein Topf nur geblieben sein, überlegte ich, und löffelte dann auch meinen Teil Suppe in mich hinein.

Die Schulspeisung war beendet, und ich bekam heute ganz unverhofft von dem Lehrer den riesigen Essenkübel zugesprochen, damit ich die darin am Rand und Boden noch haftende Suppe herauskratzen konnte. Meine Vermutung hatte mich nicht betrogen, dachte ich und nahm jetzt den Zeigefinger zur Hilfe, um auch den kleinsten Rest der Suppe aus dem Kübel herauszuschlecken.

Er hatte plötzlich etwas für mich übrig, der Lehrer. Morgen, das nahm ich mir ganz fest vor, würde ich ihm im Diktat eine Eins oder wenigstens eine so fehlerfreie Arbeit hinlegen, daß es für eine Zwei langte. Er sollte schon sehen, wen er da vor sich hatte.

An mir war viel Gutes.

Zwei Unterrichtsstunden hatten wir danach noch. In der einen war Geschichte dran, und in der letzten haben wir viel über Bäume gelernt. Dann war für diesen Tag die Sache überstanden. Ein Stück bin ich noch mit meinem neuen Freund des Weges gegangen, aber schließlich haben wir uns getrennt. Er ging seinen Weg nach Hause, und ich ging dorthin, wo ich wieder einmal Zigarettenkippen für Eduard finden wollte und wo auch vielleicht die beiden noch niemals vorher in irgendeinem Mund gewesenen Kaugummis, die ich Berthold für morgen versprochen hatte, aufzutreiben waren.

Erna sagt, daß die Fürsorge kommt

Am Ende des Alten Teich Weges, genau dort, wo ich zurück von der Schule über die Straße mußte, stand auf der einen Seite ein klapprig aussehendes Holzhaus. Ein alter Mann schien darin zu wohnen. Ich hatte ihn schon des öfteren mal so ganz kurz gesehen, wenn er sich an einem der alten Fahrräder zu schaffen machte, womit er wohl sein Brot verdiente.

Als ich nun heute an seiner Hütte vorbeikam, war er damit beschäftigt, ein Hinterrad von einem seiner Fahrräder anzustreichen. Das Rad hatte er dazu an einem Haken über eine gespannte Leine gehängt, die vom Holzhaus zu dem Buschwerk führte, das an einer Grundstückseite entlang der Straße als Begrenzung diente.

So ein Hinterrad, dachte ich und blieb nun stehen, so eines brauchte ich ganz dringend. Nicht weit von hier, da, wo wir früher, als meine Mutter noch gelebt hat, gewohnt hatten, da wußte ich in einem von den Bomben des Krieges zertrümmerten Haus ein zwar rostiges, aber sonst noch ziemlich gut aussehendes Fahrrad. Alles war dran an dem Rad, nur dieses Hinterrad nicht und auch kein Sattel und keine Bereifung. Aber ein Hinterrad war nun einmal das Allerwichtigste, fand ich.

Schon oft hatte ich daran gedacht, mir das rostige Rad aus dem Trümmerhaus zu holen, aber immer hatte ich es gelassen, weil ich nirgendwo ein dazu passendes Hinterrad gefunden hatte. Durch das Gebüsch sah ich von der Straße aus auf den krummen Rücken des alten Mannes, der noch immer an dem vor sich in Brusthöhe aufgehängten Rad herumpinselte. Wenn er weggeht, beschloss ich, wenn er sich auch nur einen Augenblick in seinem Haus aufhält, dann schleich ich mich heran, nehme mir das so schön angemalte Hinterrad und mach mich damit auf und davon.

Eine Ewigkeit mußte ich noch warten, denn der Mann schien viel Spaß am Bemalen von Fahrrädern zu haben. Schließlich aber ging er dann doch in seine Klapperbude. Leise wie ein Fuchs habe ich mich mit halbgeducktem Körper durch die Büsche geschlichen, ohne daß ein verräterisches Knacken zu hören gewesen wäre. Dann bin ich mit zwei, drei raschen lautlosen Sätzen zu dem an der Leine aufgehängten Hinterrad gesprungen. Ich konnte es ohne Mühe und Lärm sofort vom Haken herunterkriegen und unbemerkt damit auf dem gleichen Weg verschwinden.

Wieder auf der Straße angelangt, habe ich mich mit meiner Beute aus dem Staub gemacht. Es klebte an meinen Händen. Über beide Handflächen gut verteilt und so ziemlich an allen Fingern hatte ich nun die Farbe kleben, die der alte Mann auf das Rad gepinselt hatte. Ein Stück Weg geradeaus, dann über die Straße und von dort aus so etwa zweihundert Meter rechts hinein in eine andere Straße, habe ich mein Beutestück zunächst neben mir herrollen lassen. Dann war da das Trümmergrundstück, das ich kannte. Es war ein von Gebüschen umrahmtes, durch Bomben zerstörtes kleines Haus, das früher wohl mal sehr schön gewesen war. Hinter einem Berg von Mauerbrocken fand ich ein gutes Versteck, in das ich das Rad und dann auch noch meine Zwergenschultasche legte. Heute abend, wenn ich von meiner Kippensammeltour hier wieder vorbei kam, wollte ich die Sachen aus dem Versteck hervorholen und sie mit nach Hause nehmen.

Hiernach bin ich wieder dorthin gegangen, wo die Engländer, die uns besiegt hatten, wohnten und wo ich schon oft für Eduard Kippen gesammelt hatte. Im Gras vor den Fenstern ihrer Wohnungen fand ich auch sofort ein paar Zigarettenstummel. Alte Kaugummis waren heute nicht da. Bei der Haupttür jedoch, da wo die meisten ein- und ausgingen, konnte ich dann aber drei Stück, die sie da für mich gut sichtbar hingespuckt hatten, hocherfreut einsammeln.

Zwei Jungs, die ich vorher noch niemals hier gesehen hatte, machten heute auch Jagd auf Zigarettenkippen. Aber ich war mehrmals schneller als die beiden und konnte den von den englischen Soldaten fast jedesmal vorm Hineingehen in das Haus auf das Straßenpflaster geworfenen, meist noch glimmenden Zigarettenstummel vor ihren Nasen erhaschen. Einmal habe ich mich dabei böse verbrannt. Ich wollte die Glut mit dem Nagel meines rechten Zeigefingers vom Stummel, den ich mit der anderen Hand hielt, wegschnipsen. Das Glutstück blieb aber am Fingernagel des Zeigefingers kleben, fraß sich tief in das Fleisch hinein und erzeugte eine dick aufgewölbte Blase, die mir noch tagelang zu schaffen machen sollte. Den ganzen Nachmittag brachte ich vor den Wohnungen der Engländer zu, und es lohnte sich schließlich auch. Ich hatte dreiundzwanzig Kippen und die drei ausgelutschen Kaugummis eingesammelt. Für Heute abend, so dachte ich, würde Eduard mir gut gesonnen sein. Und weil ich schlau war, könnte ich ihm auch morgen, wenn er von seiner Arbeit beim Bauamt nach Hause käme, etwas auf den Tisch legen. Heute würde ich ihm nur zwölf von den Zigarettenkippen geben und morgen abend die anderen elf. Er würde glauben, daß ich jeden Tag treu für ihn sorgte, und ich könnte mir auf diese Weise dann und wann einen halben Bummeltag machen.

Auf dem Nachhauseweg habe ich nicht vergessen, mir meine Schultasche und das Hinterrad wieder dort abzuholen, wo ich beides versteckt hatte. Dann bin ich, als ich zu Hause war und unsere Pforte öffnete, leise in unseren Garten hineingegangen. Ich wollte das Hinterrad zwischen dem Zaun und meinem Schlafhaus, dem Hühnerstall, verstecken, bevor Erna und Eduard es zu sehen bekamen. Aber genau in dem Moment, als ich hinter der rückwärtigen Hausecke über das freie Stück Weg zum Hühnerhaus huschen wollte, trat Eduard mit seinem schiefen Körper auf die Terrasse. Er sah mich sofort und befahl mir augenblicklich, mit dem, was ich in der Hand hatte, zu ihm zu kommen. Noch auf dem kleinen Stück Weg dahin hab ich in die Hosentasche gegriffen, wahllos daraus mehr oder auch weniger Zigarettenstummel hervorgeholt, die er heute von mir haben sollte, und sie ihm mit weit vorgestrecktem Arm schon von weitem sichtbar hingehalten.

„Schön", sagte Eduard, „du warst wieder fleißig und hast an mich gedacht." Er wölbte vor mir seine Handfläche zur Mulde, und ich tat die Kippen, die ich ihm entgegengestreckt hatte, hinein. „Wo hast du das Hinterrad her?" wollte er von mir wissen, und ich sagte: „das habe ich gefunden! Aber Eduard hatte auch schon gesehen, daß an meinen Händen die gleiche Farbe klebte, mit der die Felge des Rades angestrichen war.

„Du wirst wohl kaum das Hinterrad von einem Fahrrad gefunden haben, an dem noch nicht getrocknete Farbe ist, und außerdem sieht mir das, was du da in der Hand hast, für irgenwo gefunden viel zu neu aus."

Trotz der vielen Zigarettenstummel, die er gerade bekommen hatte, klopfte er mir mit der üblichen Treffsicherheit und abgestimmten Dosierung für kleinere Unartigkeiten mit seinem Spazierstock kurz und trocken zweimal genau auf die Mitte meines linken Schienbeines. Das tat ganz scheußlich weh, und er kannte den Schmerz bestimmt ganz genau. Es hatte keinen Zweck, ihn anzulügen; Eduard wußte, wie er alles aus einem herausbekommen konnte.

„Ich hab es gestohlen", gab ich mich geschlagen, „einem alten Mann, der es gerade angestrichen hat, hab ich es von der Leine, auf der er es aufgehängt hatte, heruntergeholt und mitgenommen."

„Na, siehst du mein Junge", tat Eduard, als ob die Sache damit für ihn erledigt wäre.

Ich stellte das Hinterrad nun da ab, wo wir standen, denn

130

verstecken brauchte ich es ja jetzt nicht mehr. Während wir durch die Terrassentür in das Haus gingen – er vorweg – ist mir kurz durch den Kopf gegangen, ob ihn wohl einer auf seiner Arbeit leiden konnte. Bauinspektor oder irgend so einen Beruf hatte er. Ich konnte mir darunter überhaupt nichts vorstellen. Aber den Beruf mußte es ja geben, Eduard ging jedenfalls allmorgentlich da hin, wo solche, wie er einer war, gebraucht wurden.

Mein kleiner Bruder war aus dem Krankenhaus gekommen. Er kroch auf allen Vieren durch die Wohnküche. Ich freute mich riesig, daß ich ihn wiederhatte und bemerkte im Moment nur unterschwellig, daß er nicht auf seinen zwei Beinen laufen konnte.

„Kriech darüber", sagte Eduard und puffte ihn grob mit dem vorderen Gummistück seines Handstockes in die Seite. Er kroch zu mir, und ich sagte mit Angst in der Stimme, weil ich annahm, sogleich Schlimmes über seine Beine hören zu müssen, er sollte aufstehen.

„Er kann nicht", mischte sich Erna vom Platz ihres Lehnstuhls ein. „Durch den Typhus und das lange Liegen im Krankenbett ist er schlapp geworden. Seine Beine müssen erst wieder Muskeln bilden; er muß das Laufen noch einmal lernen."

Mir fiel ein Stein vom Herzen; er würde wieder ganz gesund werden!

„Ein Hinterrad hat er geklaut", sagte Eduard zu seiner Frau, die sich wie so oft damit die Zeit vertrieb, Patiencen zu legen. Er hatte am großen Tisch auf seinem Stuhl Platz genommen und mit dem rechten Daumen über seine Schulter in meine Richtung gezeigt.

„So, so", tat Erna strafend „auf Diebestour warst du also. An dir zeigt es sich wieder, du bist von innen her schlecht, und alles Herumerziehen wird nur mageren Nutzen bringen, aus dir dauerhaft einen guten Menschen zu

machen. Wir versuchen alles, aber das Diebische ist schwer aus einem Menschen herauszukriegen. Es war schon in dir verborgen, als du in dieses Haus gekommen bist."

Als sie Haus gesagt hatte, da schien sie für die abzulegende Herzdame den richtigen Platz in der Reihe der schon auf dem Tisch liegenden Spielkarten gefunden zu haben. Mit einem schnipsenden Geräusch legte sie die Karte weg, um dann den Zeigefinger ihrer nun frei gewordenen rechten Hand dafür zu benutzen, energisch und laut hörbar die Tischplatte zu beklopfen. Mit diesem Tun verdeutlichte sie allen, die in der Küche waren, daß es ihrer Meinung nach sehr, sehr schlimm um mich bestellt war.

„Wir könnten der Fürsorge, die ab und zu nach eurem Wohlergehen fragt, erzählen, daß du stiehlst; dann seid ihr reif für die Erziehungsanstalt", sagte Erna. „Eure Akte, die bei den Leuten liegt und in die fortlaufend alles eingetragen wird, was ihr anstellt, die ist schon so dick", fuhr sie fort und zeigte mit gespreiztem Daumen und Zeigefinger den Umfang meiner Akte an.

Es kann doch nicht sein, dachte ich, daß die über jeden Menschen eine Akte machen und alles, was man tut und nicht machen sollte, da hineinschreiben. Erna hatte ohne viel Federlesen für das, was ich ganz alleine getan hatte, auch gleich meine Geschwister mitverantwortlich gemacht, und uns mit dem Makel ausgestattet, für ewig und immer diebisch sein zu müssen, weil der Keim des Bösen fest verwurzelt in uns war. Sie würde es wahrhaftig hinkriegen, sich bei der Fürsorge im strahlensten Licht und mich als den Schlimmsten, der je über die Rundung der Erdkugel gelaufen ist, hinzustellen. Von den Kaninchen, die Martin und ich auf ihr und Eduards Geheiß den etwas weiter weg wohnenden Mitbürgern aus dem Stall gestohlen hatten, darüber sprach sie nicht.

Eine Ehrlichkeit gab es auf dieser Welt, dachte ich, die

schwerer zu begreifen war als viele der komplizierten Rechenformeln, die der Lehrer versuchte, in meinen Kopf hineinzubringen. Martin, der auch am großen Tisch saß, hatte sich alles schweigend angehört.

Gerda war nicht in der Wohnküche; nur meine kleine Schwester, war außer den anderen noch anwesend. Während Eduard sich nun daran machte, den Stummeltabak aus den von mir gesammelten Zigarettenkippen herauszupellen, hatte ich mich am kleinen runden Tisch auf den Stuhl gesetzt.

Es war tatsächlich Schlechtigkeit in mir, dachte ich. Ein wirklich schlimmer Dieb aber war ich nicht und mein Bruder und auch meine kleine Schwester schon überhaupt nicht. Hier und da hatte ich mal was mitgehen lassen, aber niemals etwas Großes, Bedeutendes. Bis jetzt das Hinterrad, das war neben den Kaninchen, die Martin und ich den Leuten aus dem Stall geholt hatten, meine größte Klauerei.

„In die Akte", nahm Erna das Reden wieder auf und unterbrach damit mein Denken darüber, wie es mit der Ehrlichkeit in mir aussah, „da schreibt die Fürsorge natürlich nur das hinein, was wir ihnen von euch zu berichten haben. Die fragen zwar auch euch, ob ihr gerne hier sein mögt und wie es bei uns so zugeht. Aber Kinder können immer leicht über das eine oder andere klagen, das wissen die schon. Die Fürsorge kennt unser Haus als ordentlich, gewissenhaft und zuverlässig, und deswegen hat das, was sie von euch so hören für sie keinerlei Bedeutung. Du brauchst also nicht unbedingt zu erzählen, daß du für Onkel Eduard hin und wieder einmal ein paar Kippen sammelst und auch nicht, daß du wegen der Diebe seit einiger Zeit bei den Hühnern im Stall schläfst."

Sie sah von den Karten auf dem Tisch zu mir herauf, und ich wußte, daß ich mich beeilen mußte, vor ihr probehalber das aufzusagen, was ich denen von der Fürsorge zu sagen hätte, wenn die hier auftauchten: „Ich mag hier gerne sein, *und ich bin zufrieden, weil es hier schön ist", sagte ich. Und ich hatte wohl damit genau das getroffen, was nach Ernas Meinung der Fürsorge zu Ohren kommen sollte.*

„Die Frau kommt morgen", sagte Erna, „deswegen kommst du morgen pünktlich aus der Schule nach Hause. Das gilt auch für dich Martin."

In kalter Winternacht

Der Wind war eisig, und der Schnee, den er mir in das Gesicht trug, schien alles, was zwischen hochgestelltem Mantelkragen und tief herunter auf den Kopf gezogener Schirmmütze noch unbedeckt war, schon bald zu Eis werden zu lassen. Der heruntergelassene Faltstreifen meiner Mütze bedeckte zwar ziemlich die Ohrmuscheln, aber wenn ich die Ohren jetzt anfassen wollte, so glaubte ich, würden sie, starr gefroren, wie Glas zerbrechen. Martin stapfte neben mir durch den Schnee. Genauso wie ich hatte er seine Hände tief in den Taschen des Mantels vergraben, den Kopf mit dem Kinn auf seinen Körper heruntergezogen und die Augen wegen des dichten Schneetreibens halb geschlossen. Die große Säge, die wir brauchten, trug er eingewickelt in einem Stück Sack, den er zwischen seinen linken Arm und den Körper geklemmt hatte. Wir sprachen nichts, weil es besser war, die Lippen zusammenzupressen, um keinen Schnee in den Mund zu bekommen.

Wie schon seit langer Zeit fuhren Martin und ich ganz früh am Morgen noch vor Schulbeginn mit einer der ersten U-Bahnen in die Walddörfer, um Brennholz herbeizuschaffen. Wir hatten im Laufe der Zeit schon viel Holz zu uns in das Haus getragen, aber es reichte einfach nicht aus. Das, was wir an einem Tag anschleppten, war meistens schon bis zur Mittagszeit im Küchenherd wieder zu Asche verbrannt. Eine große Schneewehe, die wir nicht umgehen konnten, lag genau vor uns. Martin ging vor und stapfte mir so eine Spur quer durch die Verwehung. Da, wo er jeweils den hinteren Fuß wieder aus dem Schnee zog, trat ich mit meinem Stiefel in seinen Fußabdruck. Als wir den Schneehaufen hinter uns hatten, waren wir für eine kurze Wegstrecke etwas vor dem eisigen Wind geschützt, weil auf beiden Seiten der Straße

Häuser und auch Sträucher waren. Der kalte Wind brach sich hier und verlor einen Teil seiner schneidenden Kälte. Es gab sogar kleine Flecken, wo überhaupt kein Schnee liegen bleiben wollte, weil die Wirbel des Windes – das konnte man sehen – die Schneeflocken rasend im Kreise tanzen ließ und wieder nach oben zurückzusaugen schien, von wo sie auf die Erde herunter fielen.

Aber diese Straße war nur kurz. Jetzt kam die Kreuzung, wo schräg gegenüber der Bäcker wohnte und wo wir links über die Fahrbahn in die Straße abbogen, die in der Verlängerung zu unserer Schule führte. Hier brauste der Wind wieder schlimmer, und ich dachte an den Klassenkammeraden, der in einem der noch lichtlosen Häuser friedlich in seinem mollig warmen Bett liegen durfte.

Da, ein Stück vor mir, da würde ich sie gleich wieder sehen, die klapprige Hütte des alten Mannes, dem ich vor nun schon so lange zurückliegender Zeit das Hinterrad gestohlen hatte. Ich hab ihm das Rad wieder hingebracht, weil er so traurig ausgesehen hatte, als er das Pappkartonschild – mit dem darauf geschriebenem Versprechen, demjenigen eine Belohnung zu geben, der ihm sein Hinterrad wiederbrächte, bei der Tür an die Klapperhütte genagelt hatte. Und an dem Tage, an dem ich dem Alten das Rad zurückgegeben habe, da war auch noch vieles andere los gewesen, dachte ich.

Ich lenkte meinen warmen Atem, der aus mir gleichmäßig nach jedem Einatmen wieder heraus wollte, aus dem Mund über die ein wenig vorgestellte Unterlippe dahin, wo an meiner Nase und den Augen viele Schneeflocken klebten. Es reichte nicht, der Schnee blieb beharrlich dort sitzen, wo er war. Ich mußte eine Hand aus der wärmenden Manteltasche nehmen und mir damit über Augenbrauen, Mund und Nase wischen. Das hatte nun genützt, mein Gesicht war überall wieder frei. Ich tat die Hand zurück in die Mantel-

136

tasche und dachte wieder an das, was an dem Tag, an dem ich dem alten Mann das Hinterrad zurückgegeben hatte, noch gewesen war.

Ja, an dem Morgen war ich voller Bereitschaft in die Schule gegangen, weil ich es mir doch vorgenommen hatte, für die an diesem Tage anstehende Diktatarbeit vom Lehrer eine Eins oder zumindest eine Zwei zu bekommen. Aber es war alles schief gegangen. Die Arbeit haben wir geschrieben. Dann waren die Hefte eingesammelt und auf das Pult übereinander aufgestapelt worden, weil das Klingeln die Stunde abgeläutet hatte. Die große Schulpause war da gewesen, und wir Jungen hatten natürlich augenblicklich, auf dem Hof im Kreis zusammenstehend, damit begonnen, untereinander auszutauschen, wie dieses und jenes Wort geschrieben werden mußte. Die von mir vergessenen Kommas und Punkte zählte ich sowieso nicht, aber die Wörter, die ich statt groß klein geschrieben hatte, reichten, grob über den Daumen gepeilt, dicke aus, wieder die schon übliche Fünf verpaßt zu bekommen. Es gab kein Entrinnen für mich. Die Noten Fünf und Sechs, die schienen einfach zu mir zu gehören. Die beiden Zahlen klebten an mir wie die Pest. Das war wohl die Quittung für mein reichliches Schuleschwänzen. Aber es waren ganz neue Hefte, die der Lehrer nur unter größter Anstrengung für seine Klasse ergattert hatte. Papier war knapp, und deswegen wollte ich nicht, daß die für mich nur zu erwartende Note Fünf oder Sechs eines dieser kostbaren Diktathefte regelrecht entwertete. Ich schleich mich hinauf in das Klassenzimmer, hatte ich noch während der Pause beschlossen, greif mir mein Heft aus dem Stapel heraus und spüle es durch die Toilette, dahin, wo es niemals mehr aufzufinden sein wird. Genauso habe ich es auch getan, und als der Rest des von mir vorher in kleine Stücke gerissenen Diktatheftes gerade gurgelnd in dem Rohr verschwand, in dem üblicherweise das, was ein Mensch aus seinem Körper entläßt, verschwindet, ist mir zu spät die Erleuchtung gekommen. Auch alle anderen Hefte mußten nun notgedrungen hier hinein, weil der Lehrer sonst ja wohl ganz schnell erahnen würde, wer ausgerechnet mein Heft hatte verschwinden lassen. Ich hab sie dann alle vom Pult geholt und unter größtem Zeitdruck und mit der Angst im Nacken, bei der Arbeit entdeckt zu werden, durch die drei Toilettenbecken gespült, die in dem Raum Tür an Tür in einer Reihe lagen. Alle drei Becken waren schließlich hoffnungslos verstopft. Da bin ich voller Panik geflüchtet.

Martin und ich hatten jetzt fast das Ende auch dieser Straße erreicht. Wir stapften schräg über die Fahrbahn zur anderen Seite und bogen dann, als wir schließlich an der Straßenecke angekommen waren, nach rechts ab. Jetzt brauchten wir nur immer ganz geradeaus zu gehen, dann würden wir schon bald den U-Bahnhof Wandsbek-Gartenstadt erreicht haben.

Als ich damals so fluchtartig den Toilettenraum und dann die Schule verließ, hatte ich großes Glück gehabt, denn die noch anstehende letzte Stunde an dem Tag war eine Turnstunde. Dem Lehrer ist dadurch erst aufgefallen, daß seine schönen Diktathefte verschwunden waren, als auch er nach Beendigung der Turnstunde schließlich nach Hause zu seiner Frau gehen wollte. Am anderen Tag, als ein Schüler die Verstopfung von drei Toiletten dem Rektor gemeldet hat, ist man dann darauf gekommen, wo die Hefte, die unser Lehrer und viele Helfer so verzweifelt gesucht hatten, abgeblieben waren.

Sofort haben mich einige als Täter in Verdacht gehabt, dieses Verbrechen ausgeheckt und auch begangen zu haben. Aber da der Verdacht nur darauf begründet war, daß ich vor der Turnstunde, ohne um Erlaubnis gefragt zu haben, die Schule einfach verlassen hatte, konnte ich mich herausreden. „Der Arzt hat gesagt, ich darf nicht schnell laufen und hopsen", habe ich ihnen meine schon vorher zurechtgeleg-te Ausrede präsentiert, als mich Lehrer und Rektor mißtrau-isch mit vielen gefährlichen Fragen regelrecht überhäuft haben. Die beiden hatten schließlich das lange andauernde Verhör aufgegeben, und so war ich mit heiler Haut aus der Sache herausgekommen.

Martin nahm die mit dem Sackstoff umwickelte Säge unter seinem linken Arm hervor und klemmte sie auf der anderen Seite seines Körpers wieder ein. „Endlich ist der Bahnhof in Sicht", sagte er.

Ja, da war er, der Bahnhof, dachte ich, nun war es nicht mehr weit. In der Straße, durch die wir gingen, war hier und da schon Licht in einigen Wohnungen. Es gab außer uns beiden auch noch andere Menschen, die früh aus den Federn und hinaus in die Kälte mußten, dachte ich. Schon wieder konnte ich sehen, daß hinter dem Fenster eines Hauses die Nachtruhe für dessen Bewohner wohl zu Ende war. An den Seiten hervor, wo das Rollo oder der Vorhang an diesem Fenster ein wenig zu schmal war, drang von einem zum anderen Augenblick ein Streifen Licht nach draußen. Es ist ganz bestimmt schön warm da drinnen bei denen, vermute-te ich. In einem Haus, aus dem man das Stubenlicht nur aus so einem knappen Ritz entweichen läßt, in dem kann es nur warm und gemütlich sein.

„Laß uns etwas schneller gehen", schlug Martin vor. „Das letzte Stück bis zur Bahnstation haben wir dann gleich hinter uns."

Ohne eine Antwort von mir abzuwarten, hatte er seine Schritte beschleunigt. Ich stapfte deswegen nun auch schneller. Im Bahnhofsgebäude würden wir schon gleich etwas Schutz vor der Kälte und dem eisigen Wind haben.

Es ist gut, sich an irgend etwas zu erinnern, wenn man in einer solchen späten Nacht durch die Dunkelheit gehen muß, dachte ich. Durch das vertiefte Denken an Dinge, die *gewesen waren, so erschien es mir, konnte man sich vor der Kälte und Ungemütlichkeit ganz verschließen. Der lange Weg von uns zu Hause bis zum Bahnhof, bei dem wir nun gleich ankommen würden, war mir darum heute erheblich kürzer vorgekommen. Auch das letzte Stück Weg will ich mich noch an was erinnern, beschloß ich. Der Wind und die Kälte sollen mir nichts anhaben können.*

Ja, da war noch die Sache mit dem Hinterrad. An dem Tag, als ich die Schule so fluchtartig noch vor der Turnstunde verlassen hatte, habe ich das von mir gestohlene Hinterrad dem alten Mann zurückgebracht. Genau in dem Moment, als ich auf dem Nachhauseweg an seiner Hütte vorbeigehen wollte, hatte ich sehen können, wie der Alte ein Pappkartonschild neben der Haustür an die Holzwand seiner Behausung genagelt hatte. Ganz kurz nur war ich stehengeblieben und hatte genau wie auch damals schon wieder nur seinen Rücken sehen können. Krumm und alt sah der aus und Mitleid wegen seiner Umständlichkeit, mit der er versuchte, das ziemlich schiefe Pappschild an das Holz zu nageln, war für ihn in mir aufgekommen. Er sollte nicht merken, daß ich mich für das interessierte, was er auf das Pappschild geschrieben hatte. Deswegen war ich zunächst erst einmal ein Stück weitergegangen. Als ich kein Hämmern mehr hören konnte, weil er ja wohl endlich den Nagel, der das Schild am Holz seines Hauses festhalten sollte, hineingeschlagen hatte, war ich zurückgegangen und hatte gelesen, was auf der Pappe geschrieben stand. „Man hat mir ein Hinterrad gestohlen. Der, der es mir wiederbringt, erhält eine Belohnung." hatte er in ziemlich wackligen Buchstaben auf das Schild gekritzelt.

Den Text, den der alte Mann sich ausgedacht hatte, hatte ich als ziemlich eigentümlich empfunden. Viel Zauber aus der Märchenwelt war aus dem Geschriebenen heraus zu verspüren, meinte ich, und ich war mir in dem Augenblick er-

140

heblich schlimmer als der Verwerflichste vorgekommen, von dem ich jemals in einem der vielen Märchen, die ich kannte, gelesen hatte.

Ohne Umwege zu machen, war ich nach Hause gegangen, hatte das Hinterrad von dort geholt, wo ich es hingestellt hatte, und hatte es vor mich hinrollend zur Hütte des alten Mannes gebracht. Dort, wo ich durch das seitliche Buschwerk auf sein Grundstück gehuscht war und den Diebstahl begangen hatte, genau durch das Loch hatte ich mich dann auch wieder an die Holzbude herangeschlichen und das Hinterrad unter das Pappschild gestellt. Die gute Fee, hatte ich dann gedacht, als ich auch, unbemerkt von dem Alten, auf dem Weg, den ich gekommen war, wieder verschwinden konnte, würde meine Reue annehmen und mich nicht mit einem bösen Zauberer für den von mir nun wieder rückgängig gemachten gemeinen Diebstahl bestrafen.

Immer neu hatte es mich dann, wenn ich auf dem Schulweg an den nächsten Tagen wieder an der Klapperhütte des Alten vorbei mußte, gefreut, was ich getan hatte. Zwar war ich nicht urplötzlich auf unerklärliche Art und Weise dauerhaft zu einem Heiligen geworden, aber ich hatte diesem Alten – so glaubte ich – nicht die ihm wohl nur noch kurze restliche Lebenszeit mit zusätzlicher Sorge betrüblich gemacht.

Der Bahnhof war erreicht. So wie auch Martin, genauso, klopfte ich zunächst nun den an meinen Kleidern haftenden Schnee von mir herunter. Wir lösten die Fahrkarten und gingen dann durch die Sperre, wo der Schaffner mit der Knipszange sein Zeichen in dieses kleine Papierstück drückte und uns danach den Weg zum Aufgang des Bahnsteigs freigab. Nur eine kurze Zeit warteten wir oben am Treppenausgang noch im Schutz des geschlossenen Teils des Bahnsteigs. Dann kam sie auch schon angefahren, die U-Bahn, die uns beide nach Ohlstedt-Wohldorf bringen sollte, wo Wald war und wo man Bäume umsägen konnte.

Schweigend haben Martin und ich nach längerer Zeit dann unseren Zielbahnhof erreicht, sind ausgestiegen und schließlich auch dort im Wald wieder angekommen, von wo wir schon so oft Feuerholz nach Hause geschafft hatten. Gemeinsam haben wir nun bei der schneidenden Kälte und mit klamm gefrorenen Fingern in Brusthöhe einen dünnstämmigen hohen Baum umgesägt und daraus je ein so großes Stück vom Stamm herausgeschnitten, wie es jeder von uns tragen konnte.

Zu lang und damit zu schwer durften wir die Holzstämme nicht absägen, weil uns oftmals der Förster, der es gar nicht haben wollte, was wir und auch noch andere mit seinen Bäumen machten, am Bahnhof auflauerte. Wenn der da stand und auf alle gemütlich wartete, die aus dem Wald mit ihren Lasten angeschleppt kamen und nun in der U-Bahn auch wieder zurück nach Hause fahren wollten, dann tat man besser daran, mit seiner Last über der Schulter zum nächsten Bahnhof weiterzulaufen, um nicht von ihm erwischt zu werden. Einmal, als Martin und ich auch auf Feuerholztour waren, da hat uns der Kerl sogar gezwungen, die volle Wegstrecke von zwei Bahnstationen derartig bepackt in Richtung Heimweg durch die Kälte zu stapfen, weil er selbst sich hier in Ohlstedt-Wohldorf und einen Helfer beim Bahnhof davor postiert hatte.

An Tagen, an denen uns derartiges Pech beschieden war, war es natürlich nichts mehr mit dem Schulbesuch. Schon wenn alles ordentlich verlief, mußten wir uns beeilen, um so zeitig wieder zu Hause anzukommen, daß wir mit den anderen Schulkameraden pünktlich um acht Uhr auf unserem Platz im Klassenraum sitzen konnten.

Aber heute hatten wir Glück. Dem Förster war es wohl zu kalt und ungemütlich hier draußen. Er lag vielleicht sogar noch in seinen Federn. Keiner forderte von uns heute Rechenschaft darüber, warum wir den Frevel begingen und die schönen Bäume umsägten.

So wie wir hergekommen waren, so sind wir heute ohne zusätzlichen Hindernislauf aus dem Wald zurück zum Bahnhof gegangen, dann mit der U-Bahn gefahren und vom Bahnhof Wandsbek-Gartenstadt durch den Schnee nach Hause gestapft. Durchgefroren haben wir schließlich wieder in der großen Wohnküche gestanden und uns zunächst, bevor wir uns auf den Weg in die Schule machten am Küchenherd gründlich aufgewärmt.

Gedanken vor dem Einschlafen

Der Jahreswechsel 1945/46 lag nun schon eine geraume Zeit zurück. Ich hatte auch mal wieder Geburtstag gehabt, war jetzt zehn Jahre alt und damit dem Erwachsensein ein kleines Stückchen näher gerückt.

Onkel Eduard zeigte sich nach wie vor meistens schlecht gelaunt, und das besonders wohl auch deswegen, weil er augenblicklich an vielen Tagen nichts zu rauchen hatte. Aber es war auch nicht so einfach für mich, bei dem Schnee unter den Fenstern der Tommywohnungen Zigarettenkippen für ihn aufzuspüren. Weil Martin und ich nun fast ständig damit beschäftigt waren, Feuerholz und Kohlen herbeizuschaffen, hatte die Schule für uns beide doch an sehr vielen Tagen ausfallen müssen. Wir hatten es einfach nicht immer schaffen können, rechtzeitig genug von unserer Tour zurückzukommen.

Im Stall waren die Hühner und der streitsüchtige Hahn jetzt auch alleine unter sich, da ich wegen der Kälte schon seit langem wieder hier auf dem Strohsack in meiner Bodenkammer schlafen durfte.

Eduard hatte mich zweimal mit dem Schrubber so zusammengeprügelt, daß ich über den ganzen Körper eine lange Zeit bläulichgelb verfärbte Blutergüsse hatte. Die erste Prügel verpaßte er mir, weil ich heimlich am Brotfach gewesen war, und die andere Tracht verabreichte er mir im Kellerraum für den Diebstahl eines Einweckglases, aus dem ich mir gerade schmatzend das Apfelmus einverleibte. Sein unerwartetes Kommen war von mir wohl überhört worden, weil ich im halbdunklen Keller zu andächtig schwelgend meinen Zeigefinger immer wieder in das Eingemachte des Weckglases eingetaucht hatte, um ihn danach dann genüßlich abzuschlecken. Ein kaltes Erschrecken war augenblick-

144

lich durch meinen Körper gefahren, als ich mich nach einem Geräusch umgedreht und Eduard erblickt hatte. Der hatte sofort und ohne jedes Erbarmen mit seinem Handstock losgeschlagen und auch dann nicht von mir abgelassen, als ich wie eine Natter am Boden und wegen des Schmerzes wie ein geprügelter Hund vor ihm winselnd in den anderen Kellerraum, in dem die von Martin und mir schon herbeigeschaften Kohlen lagen, gekrochen war. Um seinen ungezielt auf mich einprasselnden Schlägen zu entkommen, hatte ich dann versucht, mich regelrecht wie ein Maulwurf in den kleinen Kohlenhaufen hineinzugraben. Dadurch war ich an dem Tage nicht nur voller Blutergüsse und Striemen von Eduards Schlägen, sondern zusätzlich auch noch schwarz an Kleidern, Händen, Beinen, im Gesicht und auch an den Haaren.

Ich hatte mir hiernach zuerst vorgenommen, nun endlich aus dem Haus zu verschwinden. Aber es war ja Winterzeit, und gegen die Kälte, die Stürme, den Regen und Schnee, der vom Himmel fiel, hätte ich viel zu wenig Schutz in irgendeinem der reichlich zur Verfügung stehenden Trümmerhäuser gefunden. Holzlauben, wie ich sie alleine am Teterower See bewohnt hatte, waren hier in Hamburg kaum zu finden. Und wenn ich mal so eine Behausung in Richtung Farmsen ausgemacht hatte, dann lebte da auch schon irgendein anderer drin.

So war ich denn weiter im Hause bei Erna und Eduard geblieben.

Ja, und dann war die Weihnachtszeit gekommen. Das kleine Wohnzimmer, das sonst so gut wie nie betreten wurde, war durch einen schön geschmückten Tannenbaum festlich hergerichtet worden. Am Heiligen Abend hat Erna am Christbaum sieben Kerzen, die sie noch aus guten Tagen hatte, mit feierlichem Gesicht entzündet. Und dann mußte ich wieder, aber dieses mal zusammen mit meinem Bruder, mit dem Erna den Text vorher an vielen Abenden eingeübt hatte, stehend vor dem Weihnachtsbaum das Heitschi-bumbeitschi-Lied singen. Sobald die Töne, die wir aus unseren Mündern entließen, an ihre Ohren kamen, meinte ich, verklärten sich Ernas Augen, und es kam wahrlich ein kleines Leuchten in ihr Gesicht. Vielleicht konnte nur einer wie ich, der sich an ihr Gesicht wohl auch dann noch gut erinnern würde, wenn schon fünfundsiebzig mal Weihnachten hinter ihm lägen, ausmachen, daß in ihren Augen sogar etwas himmlisch Seeliges zu sehen war.

Für jeden von uns lag tatsächlich eine der Tafeln Schokolade unter dem Tannenbaum, die wir alle von der Schulspeisung mit nach Hause bringen und an Erna abliefern mußten. Alle Schokolade war demnach doch nicht, wie ich vermutet hatte, in ihrem dicken Bauch verschwunden. Sie hatte an uns gedacht, das mußte man schon sagen.

Hoffentlich brauchte ich morgen früh, wenn Martin hier zu mir in die Kammer kam, um mich zu wecken, nicht wieder meine Augen solange aufzutauen, bis ich die Augenlider öffnen konnte. Es war schon schlimm mit meinen Augen. Aber Eduard hatte gesagt: „Das gibt sich mit der Zeit schon wieder." Alles, was im Auge eines Menschen weiß sein soll, das war bei mir ständig ganz rot und entzündet. Und aus den Lidern heraus floß fast ununterbrochen gelber Eiter. Ich konnte überhaupt kein helles Licht mehr vertragen. Fast immer hielt ich deswegen, wenn ich draußen war, eine meiner Hände schützend über die Augen. Tat ich es nicht, dann verspürte ich wegen der blöden Helligkeit sogar einen Schmerz in den Augen, und ich war auch vollkommen geblendet. Am Tage konnte ich den nie versiegenden Eiterausfluß mit den Fingern wegschaben; aber in der Nacht konnte ich das nicht tun, weil ich dann ja schlief. Morgens war der Eiter dann fest geworden und hatte meine Augen jedesmal vollkommen zugeklebt. Regelrecht aufbrechen, wie ein

Maurer hinderlichen Beton wegmeißelte, mußte ich nach dem Wecken die Augen, um endlich etwas sehen zu können. Ich war immer froh, wenn Erna doch einmal ihren guten Tag hatte und ich nicht mit Martin hinaus nach Rothemburgsort mußte, um Kohlen zu holen, oder in die Walddörfer, um Feuerholz herbeizuschaffen.

In der Wohnküche, in der ich an einem solchen Tag sitzen durfte, wurden meine Augen nicht wie draußen geblendet. Ohne diese Qual konnte ich dann im gemütlichen warmen Raum alles das wieder stopfen und zusammennähen, was an Wäsche, Strümpfen und Kleidern zu flicken nötig geworden war. Auch das Bügeln hat Erna mir beigebracht, und so konnte ich alle Sachen nach dem Aussortieren gleich schrankfertig glatt machen.

Gerda hatte eines Tages einen ziemlich jung aussehenden Soldaten, einen von diesen Tommys, von denen ich die Zigarettenkippen für Eduard einsammelte und die mir ab und zu auch mal ein ungebrauchtes Kaugummi abgegeben hatten, mit in das Haus gebracht. Keiner von uns konnte verstehen, was der sagte; aber Erna, Eduard und auch Gerda schienen trotzdem Freude an ihm zu haben.

Eduards plötzliche gute Laune hatte mit den beiden Schachteln Zigaretten zu tun, die der Engländer ohne jede Aufforderung sofort, nachdem er ihm die Hand geschüttelt hatte, auf die Tischplatte übereinander gestapelt hingelegt hatte, das war mir klar gewesen. Und die Freude von Erna muß die Dose Wurst ausgelöst haben, die der Fremde danach dann aus der Tasche seines Mantels hervorgezogen hatte und ebenso auf den großen Tisch stellte. Aber für Gerdas Freude hatte ich im Moment keinen rechten Grund finden können. Augenscheinlich hatte sie genau wie wir anderen von dem Tommy nichts bekommen, und mit dem Sprechen konnte er auch ruhig aufhören; keiner von uns verstand auch nur ein einziges Wort von dem, was der sagte.

Gerda und der Tommy durften dann zusammen in der guten Stube unter sich sein. Es war nach einiger Zeit des Lachens und Kicherns der beiden ganz ruhig in dem Raum geworden. Zu gerne hätte ich an dem Abend einmal durch das Schlüsselloch der Stubentür gesehen, um zu erfahren, was die beiden da drinnen machten. Aber Eduard und Erna hätten das nicht geduldet.

Ich war jetzt sehr müde geworden und wollte deswegen nicht mehr länger an die zurückliegenden Ereignisse denken. Die Nacht mußte auch schon recht weit fortgeschritten sein, und schon bald würde Martin wieder vor meinem Bett stehen, um mich wachzurütteln.

Ich drehte mich auf meinem Strohsack auf die andere Seite, zog die Steppdecke hoch bis an die Kinnspitze und schlief augenblicklich ein.

Sein Blut färbte den Schnee

*„Spring, Heinrich", rief Martin, und ich sprang. Unglück-
lich kam ich auf, und das kostete mich einen halben Zahn.*
Von ganz oben des sich in Bewegung setzenden Waggons
war ich in den Steinschotter zwischen den Schienensträngen
hinuntergesprungen. Ich hatte dabei nicht aufgepaßt und
*war schlimm mit dem Kinn auf meine angezogenen Knie auf-
geschlagen. Das Unglück hätte mich mehr kosten können*
als diesen halben Schneidezahn, dachte ich. Wäre die Zunge
zwischen meinen beiden Zahnreihen gewesen, dann hätte
ich jetzt wohl keine mehr. Aber was war denn schon dieser
halbe Schneidezahn wert, den ich nun achtlos in den Schnee
spuckte? Für das wenige Essen, das täglich in meinen Mund
*kam, würde wohl ein Zahn im Oberkiefer und einer im Un-
terkiefer vollauf genug sein.*
Der Jutesack, den ich vom sich so plötzlich in Bewegung
setzenden Güterzug Gott sei Dank noch heruntergekriegt
hatte, war ja viel wichtiger. „Du Hammel, du blöder Idiot",
hätte Eduard mich wieder beschimpft, wenn mir nun zum
*dritten Mal in kürzester Zeit der kostbare Sack abhanden ge-
kommen wäre. Hier beim Bahngelände Hamburg-Rothem-
burgsort, von wo Martin und ich heute Briketts, Eierkohlen*
oder vielleicht auch Koks nach Hause schleppen wollten,
hier war ein Sack das Wichtigste, was man bei sich haben
mußte! An manchen Tagen, wenn die Waggons einfach so
dastanden ohne von einer Lok bewegt zu werden, war es
*ganz einfach, an die Ladung heranzukommen. Man kletter-
te in Ruhe hinauf und warf Briketts oder andere Kohlensor-
ten, je nachdem was man gerade vorfand, von oben herunter, um dann später den Sack damit aufzufüllen.*
Aber heute war es hektisch hier. Ständig rangierten die
den Zug aus irgendwelchen Gründen hin und her. Jedesmal

wenn ich gerade wieder einen Waggon erklommen hatte und mich anschickte, Beute aus seinem Inneren herunterzuwerfen, dann setzte sich dieser verdammte Zug in Bewegung. Ich wollte ja nicht mitgenommen werden und vielleicht bei einer mir so aufgezwungenen Reise, die schließlich tagelang dauern konnte, auf einem Berg Kohlen festfrieren. Nein, da sprang ich schon lieber einmal zuviel von da oben herunter. Ja, und das einmal zuviel war wohl gerade dieser Sprung gewesen, denn der Zug, der hielt jetzt schon wieder an. Von allen Seiten kamen die Menschen herbei, um seine kostbare Ladung zu plündern. Ich hangelte mich wieder hoch, und Martin tat es mir nach. Dieser Waggon, über dessen obere Kante wir uns nun auf den Kohlenberg hinabließen, war über die Hälfte mit Briketts gefüllt. Wir warfen hinunter, was das Zeug hielt, und unten vor dem Wagen freuten sich die Leute über unsere Emsigkeit.

Plötzlich ging das Rennen los. Polizei, das Überfallkommando, hatte wieder Lust empfunden, ein paar von uns Klauern einzusammeln. Martin und ich blieben einfach hier, wo wir in guter Deckung waren und mucksten uns nicht. Sollte der Zug sich plötzlich in Bewegung setzen und irgendwohin fahren, dann müßten wir versuchen, an einem Punkt, an dem sich die Fahrt einmal verlangsamen würde, schnell abzuspringen. Das war auf jeden Fall immer noch besser, meinten wir, als auf der offenen Pritsche eines Polizeiautos abtransportiert zu werden. Wir hörten die Schupos rennen, und ab und zu hatten sie dann auch einen am Kragen.

Plötzlich ruckte doch tatsächlich dieser verdammte Zug wieder. Er setzte sich langsam in Bewegung, und ich sah ratlos zu Martin hin, der, an die Waggonwand gedrückt, neben mir hockte. Dann war ein Stöhnen zu hören, das sich anhörte, als hatte der, der sich so anhörte, bereits mit seinem Schicksal abgeschlossen und als sei er nicht mehr bereit, gegen das, was ihn quälte, anzugehen. Ein Ruck ging erneut durch den Zug, und wir standen wieder. Es war von dem Stöhnen nichts mehr zu hören, nur Menschen liefen nun wohl zu dem Punkt, wo der Waggon, auf dem Martin und ich mich versteckt hielten, gerade eben noch gestanden hatte. „Hierher", rief dann ein Mann, und eine Frau sagte entsetzt: „Oh Gott, das ist ja furchtbar!" Es kamen anscheinend noch mehr Leute zu der Stelle gelaufen, von wo die Lokomotive unseren Waggon weggezogen hatte. Meine Neugier und auch die von Martin überwog die Furcht, doch noch von einem der unten herumlaufenden Polizisten eingefangen und wie die anderen Festgenommenen zum Lastwagen geführt und weggefahren zu werden. Aber trotzdem gebrauchten wir unseren Verstand und nutzten den Vorteil, noch nicht entdeckt worden zu sein, klug aus. So flach, wie wir uns nur eben machen konnten, hangelten wir uns behende auf der anderen Schienenseite, auf der anscheinend keine Leute waren, über die Waggonwand und ließen uns leise auf den Steinschotter, der den Schienen festen Untergrund gab, hinabgleiten.

Es war etwas passiert, daß wurde mir nun augenblicklich klar, als ich meinen Sack vorsichtshalber noch, wie es Martin schon getan hatte, zwischen Hosenbund und Körper einklemmte und durch den darüber befindlichen Stoff des Mantels unsichtbar werden ließ. Irgend jemand lag an der Stelle unter dem Zug zwischen den Schienen, wo der Waggon, von dem wir gerade herunter waren, noch vor wenigen Minuten gestanden haben mußte. Wir krochen über die Schienen, um nun doch zur anderen Seite, auf der sicherlich noch immer Schupos waren, zu gelangen, weil wir dort unbedingt sehen wollten, was genau geschehen war.

„Ihr Verrückten"! schrie auf einmal irgendeiner laut, „wollt ihr wohl mal ganz flink unter dem Zug hervorkommen!"

Und noch bevor Martin neben mir und ich die zweite Schiene hinter uns lassen konnten, packten ihn und mich zwei Männer am Kragen zogen uns sehr hastig das letzte Stück Weg zur anderen Seite des Schienenstranges hinüber und stellten uns auch gleich wieder senkrecht auf die Füße.

Ewig und immer waren wir unter den Waggons der Züge hindurchgekrochen, weil es eben nötig war, dachte ich. Und wenn ein Überfallkommando plötzlich auftauchte und die Polizei hinter uns Klauern her war, dann waren wir beide auch schon blitzschnell zwischen den zusammengekoppelten Wagen hindurch auf die andere Zugseite verschwunden, wenn der Zug schon in Bewegung war. Was regte der Mann sich also auf?

Der, der mich am Kragen hochgezogen hatte, ließ mich nun endlich wieder los und ging dahin zurück, wo mehrere Leute noch immer an der Stelle standen, an der ich von drüben aus gesehen hatte, daß da einer zwischen den Schienen lag. Martin war auch wieder frei, und so drängten wir uns nun in den Halbkreis hinein, um etwas sehen zu können. Aber sie ließen uns nicht durch, und so konnten wir aus hinterster Reihe nur undeutlich immer dann etwas erkennen, wenn sich der Halbkreis aus Menschen bewegte und für einen knappen Augenblick einen Spalt entstehen ließ. Ein großer Mann, den ich zu kennen glaubte, etwa im Alter von Eduard, lag da unter dem Wagen. Viel Blut war aus ihm herausgeflossen und hatte den Schnee und seinen grünen Mantel, an dem ich ihn zu erkennen glaubte, rot eingefärbt.

„Kommt Jungens, hier gibt es für euch nichts zu sehen", sagte energisch ein Schupo und drängte uns in dem Moment weg, als ich zu sehen meinte, daß der, der da lag, in zwei Teile getrennt war. Die Menschentraube um den Ort des Unglücks war inzwischen noch dichter geworden. So bestand für Martin und mich auch keine Aussicht mehr, vielleicht von der anderen Kreisseite, wo der Polizist, der uns hier nicht

haben wollte, seine Augen nicht hatte, weiter an den Über-
rollten heranzukommen. Und als dann noch mehr Polizei
kam, die alle Leute aufforderten, endlich zu verschwinden,
sind auch wir gegangen. Wertlos und ohne Macht ist sofort
jeder, auch so einer wie Eduard, wenn er zermatscht wie ein
breitgefahrener Igel oder zerteilt wie dieser Mann im grünen
Mantel, leblos vor einem liegt, dachte ich. Ich könnte auf
Eduards Körper herumtreten und ihm seine Gemeinheiten
heimzahlen, wenn er da tot zwischen den Schienen läge.

„Wir nehmen keine Kohlen mit", sagte ich zu Martin.
Eduard und Erna sollen toben, wie sie wollen, heute bringen
wir nichts mit nach Hause." „Ja", war Martin einverstan-
den, „das machen wir mal. Wir können sagen, daß hier
zuviel Polizei wegen dem Überfahrenen war." Und ich
dachte, daß wir vielleicht sagen sollten, wir hätten keiner-
lei Lust verspürt, heute Kohlen zu tragen.

„Ich glaube", überlegte ich laut, „der Mann war der, der
uns vor einiger Zeit den Zucker gegeben hat." „Meinst du
wirklich, daß ausgerechnet der das war?" fragte Martin
zweifelnd.

„Ja, er war es", gab ich ihm nun überzeugt Antwort. „Ich
hab ihn an seinem grünen Mantel erkannt." „Er war gut,
der mit dem grünen Mantel", sagte Martin und nickte be-
stätigend mehrmals mit dem Kopf. „Der gab auch an andere
etwas ab."

„Ja, gut war der wirklich", pflichtete ich ihm bei. Als ein-
ziger hat der damals, als mehrere Männer den verschlosse-
nen Waggon aufgebrochen haben, dafür gesorgt, daß auch
wir unseren Teil Zucker abbekamen, bevor die Polizei ein-
getroffen ist."

„Ich glaube, daß der Teufel mächtiger ist als Gott", sagte
ich.

„Warum glaubst du das?" wollte er wissen, und ich ant-
wortete, während wir nun über die Fahrbahn gingen: „Weil

viel mehr gute Menschen von dieser Welt verschwinden als die, die eigentlich sofort wegsterben sollten. Für den mit dem grünen Mantel hätte doch besser Eduard verschwinden können. Viel zu spät werden der und Erna von dieser Welt geholt, und viel zu früh ist dagegen meiner Mutter das Leben genommen worden."

„Es könnte sein, daß der Teufel mächtiger ist als der liebe Gott", pflichtete mir Martin mit gedanklich schwerem Ausdruck im Gesicht bei.

Wir wechselten die Straßenseite und bogen dann nach rechts ab. Während wir zügig unseres Weges gingen, um bald eine Straßenbahn vor die Augen zu bekommen, die uns etwas flotter in Richtung unseres Zuhauses bringen könnte, hing jeder von uns seinen Gedanken nach.

„Unsere Toten müßte man, wie die Indianer es tun, auf Bäume legen", unterbrach dann ich als erster das Schweigen. Martin nahm einen vor sich auf dem Straßenpflaster liegenden handlichen Mauersteinbrocken auf, machte drei Schritte nach vorn, um seinem Körper Schwung zu geben, und ließ den Stein aus der hoch hinter dem Kopf nach vorn sausenden Hand ins Blaue des Himmels fliegen.

„Die Indianer haben einen ganz anderen Glauben als wir", erklärte er dann. „Ihr Gott heißt Manitou, und außerdem sind da, wo die leben, ja auch genug Bäume, auf die man Tote drauflegen kann." „Ich möchte schon deswegen auch ein Indianer sein, damit ich nicht, wenn ich gestorben bin, eingegraben werde", sagte ich, und und in diesem Moment kam ein Lastwagen die Straße herauf. Es war eines dieser Militärfahrzeuge, auf denen unter der durch eine Plane abgeschirmten Ladefläche immer englische Soldaten auf Holzbänken saßen. Das Auto war nun auf unserer Höhe, fuhr vorbei, und wir konnten sehen, daß die Pritsche leer war.

154

„Los, hinterher", feuerte Martin mich an und setzte sich auch schon in Bewegung. Wir rannten, was wir konnten, um von hinten eine Hand an das Holz des Wagens zu bekommen, damit wir uns dann vielleicht mit Glück auf das Lastauto hinaufhangeln konnten. Martin war als erster an der hinteren Klappe der Ladefläche angelangt. Er konnte mit einem Sprung aus vollem Lauf heraus mit beiden Händen die obere Kante des Schotts ergreifen und sich dann auch tatsächlich auf die Pritsche hinaufziehen. Ich hastete hinterher, war fast am Auto dran, rutschte dann aber im Schnee aus. Mit dem Kopf voran schleuderte ich ein wenig schneller als der Lastwagen fuhr, weil der, um nach rechts abzubiegen, plötzlich die Fahrt erheblich verlangsamte. Ich war unter das Auto gekommen, und wenn das nicht an der Ecke kurz zum Stehen gekommen wäre und vielleicht auch wenn Martin nicht seinen überlauten Alarmschrei von sich gegeben hätte, dann wäre ich wohl plattgefahren worden.

Noch bevor ich aus dem Gefahrenbereich war, hatte sich links und rechts die Tür des Fahrerhauses aufgetan, und aus jeder kam ein Tommy heraus. Sie schüttelten den Kopf, als beide mir hilfreich ihre Hand entgegenstreckten. Während sie mich unter dem Auto hervorzogen und wieder auf die Füße stellten, war Martin von der Pritsche heruntergesprungen. Die Tommys sagten irgend etwas in ihrer Sprache, aber nach Schimpfen hörte sich das nicht an. Und dann zogen sie aus ihren Taschen sogar Schokolade und Kaugummis hervor, gaben davon etwa die Hälfte mir und den anderen Teil Martin. Dann klopften sie mir und ihm freundschaftlich und mit einem verständnisvollen Lachen auf die Schulter, gingen wieder zum Führerhaus, stiegen ein und fuhren davon.

„Mensch, die sind in Ordnung", meinte Martin und schob sich einen Teil der Schokolade in den Mund. Ich nahm von meinem Stück auch etwas, und dabei sagte Martin: „Hast

155

verdammtes Schwein gehabt." „Ja, das hab ich", gab ich
ihm recht, und dann gingen wir weiter, um nach Hause zu
kommen.

Fieberträume

Ich war krank geworden. Es mußte eine schlimme Krankheit sein, die in meinen Körper eingedrungen war, denn Erna hatte sogar nach einem Arzt schicken lassen. Es schien mit mir dem Ende entgegen zu gehen, meinte ich, weil man mir plötzlich soviel Gutes tat. In einem weiß bezogenen Bett lag ich und nicht mehr wie sonst auf meinem unbezogenen und nach Pinkel riechenden Strohsack. Man hatte sich die Mühe gemacht, mich umzuquartieren. Ich lag im Bett von Gerda, im gleichen Zimmer, in dem das Bett für meine kleine Schwester stand. Meinen Bruder hatte man vorübergehend in die Dachkammer verlegt, und Gerda schlief nun vorerst im kleinen Wohnzimmer auf dem Sofa.

Ja, wenn man krank wird, dann wird man sofort wichtig und auch geliebt, dachte ich mir und befühlte mit den Händen die ungewohnte Sauberkeit des Bettuches, der Zudecke und auch des mollig weichen Kissens, das meinen Kopf umkuschelte.

Meine Stirn war heiß, und in meinem Mund war es ganz trocken. Vor dem Bett auf einem Stuhl stand soweit herangerückt, daß ich es erreichen konnte, ein Glas mit Wasser. Über der Rückenlehne des Stuhles war ein Handtuch gelegt, und auf der Fläche, die üblicherweise zum Draufsitzen da ist, waren neben dem Wasserglas, Tropfen, ein Wattebausch und dann noch ein Teelöffel vorzufinden.

Ich hörte Schritte auf der Treppe, dann hier oben auf dem Flur. Die Tür ging auf, und Erna kam herein. „Na, endlich bist du aus deinen Fieberträumen erwacht", sagte sie und trat näher zu mir an das Bett. Sie nahm eine von den Tabletten aus der Schachtel, beugte sich zu mir herunter, faßte mit der linken Hand unter mein Genick und zog mich halbhoch. „Schluck", sagte sie, „der Arzt war schon dreimal hier.

Dieses Medikament, das dein Fieber senken soll, und auch die Salbe, die deine Augen wieder gesund machen wird, hat er dir verordnet." Sie drückte mir, ohne lange darauf zu warten, daß ich den Mund entsprechend weit auftat, die zwischen ihrem dicken Zeigefinger und Daumen gehaltene Tablette auf meine noch geschlossenen Zahnreihen. *„Mach gefälligst den Mund auf"*, zerbrach sie mit barschen Worten die gerade als schön empfundene Illusion, von Erna innerlich doch ein wenig gemocht zu werden.

Ich tat, was sie wollte. Sie schob mir die Tablette nun soweit in den Mund, daß ich ihr Unbehagen, für mich so einen großen Dienst verrichten zu müssen, durch all das Fiebrige, das meinen Kopf wirr machte, kalt und ernüchternd verspürte. Als sie mir danach das Wasserglas zum Trinken an die Lippen hielt und ich getrunken hatte, dachte ich, nachdem sie dann meinen Kopf wieder in die Kissen gleiten ließ, daß es doch schön war, als ich tief versunken in meinen Träumen gelegen hatte.

„Deine Augen haben dem Doktor gar nicht gefallen", sagte Erna. Sie nahm jetzt die Salbe aus der geöffneten Dose auf die Kuppe ihres rechten Zeigefingers, zog dann mit zwei Fingern ihrer anderen Hand das Unter- und Oberlied meines rechten Auges auseinander und strich mir die Paste auf die Hornhaut. Nachdem sie dann auch mein zweites Auge behandelt hatte, war alles dunkel um mich geworden, weil ich durch die Verkleisterung hindurch nichts mehr sehen konnte. *„Sieh zu, daß du gesund wirst"*, sagte Erna, und ich konnte dann hören, daß sie wieder den Raum verließ.

Was waren das bloß für Träume gewesen, in denen ich soviel Eigenartiges gesehen und durchzustehen gehabt hatte, dachte ich. Eine riesige weiße Federbettdecke war langsam auf mich zugerollt und hatte mich schließlich unter sich begraben. Ich hatte darunter überhaupt keine Luft mehr kriegen können und war ständig nah am Ersticken gewesen.

Und dann hatte ich im Traum das Geheimnis sehen können, das sonst nur der Seele eines Verstorbenen offenbart wurde. Genau auf der Linie zwischen den Flügeln eines schön geschmiedeten riesigen Eisentores hatte ich gestanden. Hinter mir war noch fester Sandboden, aber vor mir – genau an der Linie entlang – da begann das Nichts, der freie Raum, die Unendlichkeit. Und zwischen kleinen Wolken, frei im gleißend hellen Licht schwebend, tanzten sie, die tausend und abertausend Seelen der Toten. Ihr Tanz war langsam – bedächtig und so schön gleichmäßig hin- und herwogend, wie sich langes Seegras im sonnendurchfluteten, seichten Meerwasser, getragen von leichter Dünung, auch schwebend bewegt. Sie hatten ausgesehen wie weißlichgraue wurzeldikke und nicht sehr lange Würste, die Seelen, die da vor mir so schön geschwebt hatten.

Nur genauso wie ich sie gesehen hatte, dachte ich, nur genauso hatten sie auch aussehen dürfen. Ich konnte verstehen, daß die Seelen, so beweglich und schmiegsam, wie sie sich mir gezeigt hatten, sehr gut in den Körpern all derjenigen Platz gehabt hatten, die gestorben waren und aus denen sie darum entfliehen mußten. Es war schön in der Unendlichkeit des Raumes, da, wo auch die Seele von mir einmal landen würde, sobald das Leben aus meinem fleischlichen Körper heraus war, dachte ich. Viel, viel schöner war es dort, als es hier war! Das gleißend warme Licht, das ich gesehen hatte, und der sanft schwebende Tanz der Würste zu den niemals versiegenden schmetterlingszarten Klängen der Musik ließen den Wunsch in mir aufkommen, nicht mehr sehr lange darauf warten zu müssen, dieser Welt für immer den Rücken kehren zu können. Und ich empfand in diesem Augenblick, daß es unwichtig war, ob Erna mich mochte oder nicht. Und nur den halb so großen Schmerz würde ich ab jetzt noch empfinden, glaubte ich, wenn Eduard mir wieder einmal seinen Handstock über das Kreuz schlug.

Ich, der dem schwebenden Tanz der weißgrauen Würste zugesehen hatte, gehörte zu den Auserwählten, die auf der Türschwelle, die in die Ewigkeit führte, erblicken durfte, wie die Seele eines Menschen aussah und was sie tat, nachdem man verstorben war.

Das Geheimnis, das in Erna ist

Meine Krankheit hatte ich wohl schon seit drei Wochen über-
standen. Das Fieber war weg, und aus den Augenlidern floß
nur noch wenig Eiter. Die mir von Erna täglich mehrmals
auf die Hornhaut gestrichene Salbe hatte den gelben Ausfluß
nicht völlig beseitigen können, aber dafür war das, was im
Auge eines Menschen weiß aussehen soll, bei mir nun auch
nicht mehr ganz so feuerrot, wie es vorher gewesen war. Die
schokoladenbraun aussehenden Tabletten, die mir der Arzt,
der während der Krankheit ein paarmal an meinem Bett
gewesen war, außer dem Lebertran zur Stärkung und zum
körperlichen Aufbau dagelassen hatte, die sollte er auch, so
dachte ich, möglichst wöchentlich und dann in großen
Mengen weiterhin bringen. Sie schmeckten gut, diese Tablet-
ten, und so war ich auf die Idee gekommen, einen Teil davon
beiseite zu legen, um sie, genau wie meine Kaugummis, in
der Schule zu Geld zu machen oder gegen Brot einzutau-
schen. Und so, wie ich mir das während der Krankheit über-
legt hatte, war es später auch gekommen. Nur denen, die mir
für so eine Tablette am meisten geboten haben, habe ich,
nachdem ich wieder zur Schule ging, welche gegeben. Ich
habe in der Klasse vorher erzählt, die Tabletten hätten im
Cornedbeefpaket gelegen, das meine Tante, die in Amerika
wohnt, mal wieder geschickt hatte.
  Für einen amerikanischen Jungen, der einmal ein großer
Boxer oder Ringer werden wollte, wäre es selbstverständ-
lich, davon jeden Tag welche einzunehmen. Sie machten alle
Muskeln, aber ganz besonders die, die man in den Oberar-
men als Kämpfer bräuchte, nach und nach so hart wie Eisen.
  Aber ich hatte zu wenig von den Tabletten. Die Nachfra-
ge war groß, und ich hätte unter den mir zum Tausch ange-
botenen Pausenbroten weiterhin nur die mit dem allerbesten

Aufstrich heraussuchen können, wenn ich für jeden Schul-
tag genug Pillen gehabt hätte.

Immer dann, wenn die Schule aus war, hatte Erna für mich
nun noch Zusätzliches zu tun. Der Hausgarten und daneben
ein nicht gerade kleines Stück Ackerfläche, das etwas weiter
weg von unserer Wohnung lag, mußten umgegraben und
dann für das spätere Einbringen des Saatgutes glatt geharkt
werden. Neben diesen Arbeiten sollte ich Martin, der wie
ehedem Holz aus dem Forst oder Kohlen vom Rangierbahn-
hof Rothenburgsort herbeischaffte, wieder unterstützen.
Zweimal war ich in letzter Zeit mit ihm zusammen, so wie
ich es damals schon alleine gemacht hatte, zum Hamstern
zu den Bauern aufs Land gefahren. Das erstemal hatten wir
Kartoffeln bekommen, und vor vier Tagen, als Martin und
ich erneut unterwegs waren, sind wir mit einigen Steckrü-
ben wieder nach Hause gekommen. Aber an dem Tage hatte
sich für uns beide die Reise besonders gelohnt. Auf unserem
Rückmarsch aus dem Dorf, wo eine Frau uns die Rüben
gegeben hatte, waren wir auf dem Weg zum Bahnhof an
einem Acker vorbeigekommen, auf dem ein Bauer oder
dessen Knecht hinter seinem Pflug, der von zwei Pferden
gezogen wurde, die Frühjahrsarbeit tat. Am Rande des
Ackers auf dem Graswall, genau da, wo der Weg, den wir
gingen, vorbeiführte, hatte der Arbeitsmann seine Tasche,
in der, so hatten wir vermutet, wohl das Mittagsbrot sein
mußte, zurückgelassen. Wir hatten so getan, als interessier-
te uns das, was er und seine Pferde taten, und dann, als der
Mann so ziemlich auf der anderen Seite der Ackerfläche mit
dem Pflug angekommen war, hatte Martin sich die Tasche
gegriffen, und wir haben uns damit hastig aus dem Staub
gemacht.

Später auf dem Bahnhof waren wir natürlich gespannt
darauf, was wohl Gutes in der Tasche des von uns Bestoh-
lenen drin war. Hoffnungsvoll hatten wir sie geöffnet und

dann auch tatsächlich ein riesiges Brotpaket und eine mit Milch gefüllte Bierflasche vorgefunden. Das Brot war dick mit Speck belegt und so wohlschmeckend, wie ich schon lange keins mehr gegessen hatte. Vielleicht werde ich später ein Bauer, hatte ich mir, zufrieden kauend, überlegt. Und Martin, der gerade einen tiefen Schluck aus der Flasche nahm und sie dann an mich weitergab, mußte in dem Augenblick einen ähnlichen Gedanken haben. „Ich werde Bäcker oder sogar Bäcker und Konditor, weil man genau wie die Bauern dann immer gut und viel zu essen hat", hatte er genüßlich schmatzend einfach so vor sich hingesagt.

Ich war nach diesem Mahl satt und zufrieden und hatte Martin den Vorschlag gemacht, neben mir auch mal, wie ich es schon einmal allein gewagt hatte, auf dem Puffer des letzten Zugwagens zurück nach Hause zu fahren. Er war einverstanden, und als schließlich unser Zug auf dem kleinen Bahnhof hielt, haben wir, so wie besprochen, auf den Puffern des letzten Wagens unsere Plätze eingenommen. Dann, als wir dahinten so luftig sitzend von der Eisenbahn mit rasender Geschwindigkeit durch das Land gezogen wurden, verspürte ich genau wie damals auch wieder dieses schöne Gefühl von Freiheit in mir.

Ich würde vielleicht schon bald von Erna und Eduard weggehen, das nahm ich mir vor, während Äcker, Sandwege, Bauernhäuser, Büsche und Bäume an uns vorbeiflogen. Und unter uns sausten die schweren Holzbohlen, die den Schienen festen Halt geben, so schnell hinweg, das es mir unmöglich erschien, sie zählen zu können. Ich wäre an dem Tag am liebsten noch viel weiter gefahren, und erst als der Zug in Hamburg hielt, habe ich gespürt, daß mein ganzer Körper scheinbar zu Eis geworden war. Genau wie Martin hauchte ich dann, als ich so klamm gefroren vom Puffer kletterte, als erstes mal meinen Atem solange über die steifen Finger, bis ich wieder Gefühl in ihnen spürte.

„Meine Hände muß ich heute, wenn wir zu Hause sind, mal wieder in Ernas Pinkel baden, weil in meine Finger wieder der Frost gekommen ist", sagte ich zu Martin, als er gerade den Sack mit den Rüben vom Puffer herunterholte. Und genau da fing unser Streit an, den wir dann den ganzen Weg vom Bahnhof bis zu uns nach Hause führten.

„Nie und nimmer würde ich auch nur einen Finger in das hineinstecken, was als Abfall aus einem herauskommt und in die Toilette gehört, und außerdem glaube ich sowieso nicht, daß so etwas gegen Frost helfen kann", antwortete er mir mit vor Ekel verzogenem Gesicht.

„Aber meine Finger sind davon tatsächlich gesund geworden", erwiderte ich ihm erzürnt, weil er anscheinend glaubte, daß ich mich vor Ernas Pinkel gar nicht geekelt hatte. „Als der Frost im Winter einmal so schlimm in meine Hände gekommen war, und ich vor Schmerzen am liebsten geheult hätte, da hat Erna gesagt, wenn ich die Finger eine halbe Stunde lang in den Nachttopf, in den sie hineinpien wollte, halten würde, dann ginge der Frost aus meinem Fleisch wieder hinaus."

„Blödsinn, totaler Quatsch!" hatte er mit heftigen Worten entgegnet. Bevor er aber mit seiner lauten Erwiderung erneut ansetzen konnte, ergriff ich schnell wieder das Wort und behauptete. „Meine Hände taten mir jedenfalls danach kein bißchen mehr weh, also ist es auch nützlich gewesen!"

„Wer's glauben will, der soll's meinetwegen glauben, ich jedenfalls werde nie und nimmer die Finger in Ernas Nachttopf stecken", hat er schließlich als erster unser lautes Streiten um die Sache ein wenig gedämpft.

„Es könnte doch sein, daß in Erna etwas von einer Hexe ist und sie über irgendwelche geheimnisvollen Kräfte verfügt", habe dann auch ich versöhnlicher zu bedenken gegeben.

Und während Martin den Rübensack auf seine andere

Schulter gewechselt hat, hat er mich laut auflachend spöttisch angesehen und erwidert: „So ein verdammter Schwachsinn, Erna und geheimnisvolle Kräfte! In deren Leib ist höchstens Platz für die ganze Schokolade, die wir ihr vom Schulessen mitbringen, wenn es mal wieder welche gibt. Angeblich will sie die erneut sammeln, damit wir, wenn wieder Weihnachten ist, von ihr was kriegen können", setzte er seine Ausführungen fort.

Das, mit der Schokolade, die wir an Erna abführen mußten, war nur ein Trick von ihr, auch wenn sie zu uns sagte, sie wollte alles für Weihnachten sammeln; das wußte ich so gut wie er. Heiligabend lag ja auch noch gar nicht mal so sehr lange zurück. Und was hatte jeder von uns, der so emsig an Erna die Schokoladentafeln über die Zeit davor abgeführt hatte, wieder rausgekriegt? Eine einzige Tafel für jeden von uns hatte es gerade gegeben! Und was den ganzen Rest, der verschwunden war, betraf, danach hatte keiner von uns zu fragen gewagt. Ja, mit der Schokolade, da hatte Martin recht, und deswegen waren wir in dem Punkt auch der gleichen Meinung; aber daß er nicht wie ich glauben wollte, daß Erna über geheimnisvolle Kräfte verfügen könnte, das ärgerte mich irgendwie. Dabei waren mir an ihr noch mehr Auffälligkeiten vor die Augen gekommen, von denen ich ihm überhaupt noch nichts erzählt hatte. So zum Beispiel hat das, was sie an Verbrauchtem für meine kranken Hände aus sich herausgelassen hatte, wirklich und wahrhaftig überhaupt kein bißchen nach Pinkel gerochen. Und dann hatte ich im letzten Jahr so ungefähr zu der Zeit, als die Blätter von den Bäumen fielen, noch etwas anderes Seltsames beobachtet. Einmal, als sie in ihrem Lehnstuhl saß, da war plötzlich eine fette Spinne aus ihren Haaren hervorgekommen. Die hat sich die ganze Zeit über, während ihre Herrin im Lehnstuhl saß, da oben augenscheinlich wohl gefühlt. Erna ist dann kurz aus der Küche gegangen, und als sie wieder zurückkam, war die Spinne weg.

Ich war davon überzeugt, daß sie nur in Ernas Kopf zurück-gekrochen sein konnte.

In irgendeinem Buch hatte ich früher einmal ein Bild mit dem Kopf von einer Frau gesehen, aus dem überall, wo die Haare wachsen, züngelnde Schlangen hinausdrängten.

Es hat also schon immer Menschen gegeben, in deren Innerem es nicht so war, wie es sein sollte, und manche verrieten sich ungewollt, so wie Erna mit ihrer Pinkel, die heilen konnte und die überhaupt keinen üblen Geruch an sich gehabt hatte.

„Ich hab den Hühnerstall ganz sauber gemacht, alle Kacke ist raus, und das Stroh in den Legenestern, das hab ich auch so umgewendet wie du es mir erklärt hast", unterbrach mein aus dem Garten in die Küche kommender Bruder das weitere Zurückdenken an diesen vergangenen Hamstertag, den ich mit Martin unternommen hatte.

Ja, mein Bruder, der nach seinem langen Krankenhausaufenthalt ganz neu Laufen lernen mußte, der hatte jetzt auch Pflichten auferlegt bekommen. Ihm oblag die Sauberkeit des Hühnerhauses und sämtlicher Ställe, in denen die Kaninchen sich scheinbar so wohl fühlten.

Und schon für den Sommer war ihm von Erna aufgetragen worden, den Garten und die Ackerfläche, die ich wohl in nächster Zeit fertig umgegraben hatte, von jeglichem Unkraut sauber zu halten. Daran sollte auch meine kleine Schwester sich fleißig beteiligen. Sie hatte schon jetzt die Pflicht, alle Tische, Sessellehnen, Schränke, Borde und was es sonst noch an Mobiliar im Wohnhaus gab frei von Schmutz und Staub zu halten.

Es schien Eduard, der Ernas Vorausplanungen für ununterbrochenen Arbeitseinsatz für mich und meine Geschwister regelrecht auf Vollständigkeit überprüfte, zu gefallen, wenn alle Stunden, die ein Kind nicht unbedingt zum Schlafen benötigte, stramm mit Arbeit ausgefüllt waren.

Allein dadurch, daß Martin, der genauso wie wir drei Geschwister in fortlaufende Arbeitseinsätze verplant wurde, bei Erna, Eduard und Gerda am großen Tisch zum Essen sitzen durfte, paßte das Bild, daß in diesem Haus die Familie des armen und des reichen Bauern, nur durch zwei Tische getrennt, nebeneinander lebten, nicht ganz. Wenn ich mit Spaten und Harke über der Schulter zum Acker ging oder den Blockwagen hinter mir herziehend mich zum Schrottsammeln aufmachte, haben die Kinder, die in unserer Straße wohnten und vor den Häusern spielten eingehalten mit ihrem Tun. Sie haben mich angesehen, ohne etwas zu sagen. Mir ist immer der Gedanke gekommen, daß sie es nicht wagen wollten, an mich ein Wort zu richten. Ich war neben ihnen ein schon ziemlich alter Erwachsener, der nur so jung aussah, wie sie sich selbst im Spiegel wiederfinden konnten. Meine dauernde Pflicht und Emsigkeit paßte nicht zu dem Alter, nach dem ich aussah. Das machte mich fremd für sie und deswegen blieben sie mir lieber fern.

„Der Hühnerstall ist ganz sauber", verkündete mein Bruder noch einmal dringlicher. Er hatte mich damit aus meinem neuen gedanklichen Abgleiten, in dem ich mich zuletzt mit dem Verhältnis der Nachbarkinder zu mir beschäftigt hatte, zurück geholt.

„Ich komme", gab ich etwas unfreundlich seinem Drängen nach, weil er mit ähnlicher Barschheit zu mir gesprochen hatte.

Ich legte den Strumpf, an dem ich mich gerade bemühte, mit Nadel und Garn die Löcher zu stopfen, auf den Tisch vor mir ab. Dann stand ich auf und folgte meinem Bruder in den Stall, um an Ort und Stelle zu überprüfen, ob die Arbeit, die er gemacht hatte, ordentlich ausgeführt war.

„Du brauchst gar nicht zu murren", sagte ich, hinter ihm gehend, von mir aus brauchtest du den Stall nicht sauber zu machen. Wenn es Erna und Eduard nicht geben würde, könn-

test du meinetwegen den ganzen Tag vor dem Haus mit den anderen Kindern spielen."

Er sagte nichts dazu. Für ihn war ich, weil ich seine Arbeit kontrollieren mußte, wohl mindestens eine halbe Erna oder etwa ein Viertel Eduard.

Es war alles gut durchdacht von Eduard und seiner Frau. Liebe konnte nicht aufkommen, und der, der welche in sich gehabt hat und dem es vom Schicksal beschieden war, die Schwelle ihres Hauses zum langen Verbleib darin zu überschreiten, bei dem verlor sich das Gefühl, was man Liebe nennt, langsam aber unaufhaltsam.

Das Land am Ende des Regenbogens

Er prügelte mich, und einmal traf sein Spazierstock auch meinen Kopf. Ich hatte mich vor seinen Schlägen in erster Reaktion unter die Steppdecke verkrochen. Aber das war natürlich vollkommen nutzlos. In Eduards Stockschlägen lag die ganze Wut, die schon tagelang in kleinen Mengen aus ihm herausdrängte und die sich nun, weil der Druck in ihm heute abend plötzlich zu riesig geworden war, als eine gewaltige Explosion über mich entlud. „Du verdammter Hund, du Schwein, ich schlage dir so lange meine Krücke übers Kreuz, bis dein Fleisch nur noch in Fetzen an deinen Knochen hängt", kam es zwischen den vor Wut aufeinandergepressten Zähnen aus ihm heraus.

Er haut mich nun zu Brei, durchfuhr es mich. Obwohl meine Hände im Stoff der Steppdecke, die ich schützend über mich gezogen hatte, verkrallt waren, gelang es ihm, sie mir vom Kopf wegzureißen. Nur durch den schnell noch über das Gesicht gelegten linken Unterarm konnte ich verhindern, daß sein nächster Schlag noch einmal meinen Kopf traf. Mit aller Kraft stieß ich Eduard den Fuß in den Bauch. Davon taumelte er gegen die lange Schrägwand der Dachkammer. Noch bevor er sich fangen konnte, war ich runter von meinem Strohsack, erreichte die Tür und sprang, drei, vier Stufen auf einmal nehmend, zuerst die steile Bodentreppe und anschließend auch den folgenden Aufgang hinunter. So wie ich war, nur das Nachhemd über dem Leib, bin ich weiter in den Keller geflüchtet und von dort hinaus in den Garten. Mindestens diese Nacht und noch den nächsten Morgen, bis Eduard aus dem Haus zu seiner Arbeit unterwegs war, durfte er mich nicht in die Finger kriegen. Seine Wutausbrüche waren nach Verstreichen einer längeren Zeit verklungen, das kannte ich schon.

Eine halbe Stunde lang, von nun an gerechnet, würde er noch nach mir suchen. Dann aber gab er wie üblich auf, und ich war in Sicherheit. Das letzte Mal, als er so auf mich eingeprügelt hat, bin ich ihm schließlich auch entkommen. Mehr als eine halbe Stunde hatte ich, versteckt zwischen Rhododendronbüschen, die im Garten unseres Nachbarn wachsen, Eduards Suche nach mir frierend beobachtet. Nun war ja Gott sei Dank Sommer, dachte ich und befühlte die schmerzenden Stellen an meinem Körper, die er mir mit dem Handstock beigebracht hatte. Von oben bis unten und rundherum hatte sein Stock mich getroffen. Über dem rechten Auge, wo er mich einmal am Kopf erwischt hatte, war mir, soweit ich es durch Betasten mit den Fingern beurteilen konnte, nun schon eine ziemlich dicke Beule gewachsen, die sich nach und nach wohl zuerst ins Bläuliche und später ins Grüne verfärben würde.

Das Dach des Hühnerstalles hatte ich mir heute als Warteplatz ausgesucht. In der Enge zwischen dem Zaun des Nachbarn und der Hinterwand des Stalles kletterte ich hinauf auf mein Versteck. Oben angekommen, legte ich mich der Länge nach ausgestreckt auf das mit Teerpappe benagelte Holz. Eduard und auch kein anderer konnten mich hier finden. Das Dach war zu unserem Wohnhaus hin ein kleines Stück höher gebaut als an der Rückseite, an der ich hinaufgeklettert war. Und außerdem lag es im Sichtschutz der drei gut belaubten Zwetschenbäume, die, zwischen Stall und Wohnhaus in Reihe angepflanzt, im Gehege des Hühnerauslaufes schon viele Jahre lang Sommer für Sommer Früchte trugen.

Eduard's Wut war dieses Mal langsam, aber stetig ins Unermeßliche gewachsen. Der Engländer, Gerdas Freund, der uns ab und zu einen Kaugummi gegeben hatte, von dem Erna dann und wann eine Dose Wurst oder andere Köstlichkeiten und Eduard Zigaretten mitgebracht bekam, kam plötzlich nicht mehr zu uns. Den Grund, warum er, der so oft mit Gerda alleine im guten Zimmer sein durfte, nicht mehr kam, wußte keiner. Und nun waren wir wieder genauso wie alle deutschen Familien, die entweder keine große Tochter hatten oder auch so wie die, die wie wir eine hatten, denen aber der dazu passende Engländer fehlte. Ja, Gerda hätte den, den sie glücklicherweise gehabt hatte, wohl noch viel besser behandeln müssen. Einen Engländer für sie wiederzubekommen, dachte ich, das wird wohl nicht ganz leicht sein. Ich fand, daß unser Haus dadurch, daß der Engländer nicht mehr kam, irgendwie abgewertet worden war. Wir haben schon halbwegs zu denen gezählt, meinte ich, die den Krieg gewonnen hatten. Auf jeden Fall war zwischen den alten Deutschen, also denen ohne Tochter mit Engländer, und uns, wo so einer sogar die Schuhe ausgezogen hatte, wenn er sich auf unserem Sofa langgelegt hatte, ein bedeutender Unterschied.

Aber er blieb nun weg, und damit mußte man sich vorerst wohl abfinden. Eduard jedoch, so erschien es, konnte diesen Schicksalsschlag wohl einfach nicht überwinden.

Die zweite Wut, die sich regelrecht in Eduards Körper auf diese erste, die ihn wegen des verlorenen Engländers erfüllt hatte, aufbaute, war in ihm durch das Verschwinden Martins entstanden. Ja, Martin war abgehauen. Ich hatte gewußt, daß er weggehen wollte. Er und ich hatten ja oft genug darüber gesprochen. Und Eduard wie auch Erna vermuteten natürlich ganz richtig, daß ich eingeweiht war. Es wäre meine Pflicht, ihnen alles zu sagen, was Martin mir vor seinem Verschwinden, über den Plan, wo er hingehen wollte, erzählt hätte, hat Erna am heutigen Abend zu mir gesagt.

Eduard war zu der Zeit noch nicht im Haus. Er hatte irgend etwas nach seiner Arbeit zu erledigen gehabt. Und bevor er dann so etwa um 9 Uhr abends gekommen war, hatte ich mich schon aus Sicherheit auf das Strohsackbett in meiner Kammer begeben. Nie und nimmer hatte ich damit gerechnet, daß Eduard in seiner Schwerfälligkeit ganz nach oben die steile Stiege zu mir heraufkommen würde. Aber er hatte es getan. Mühselig humpelnd hatte er seinen nicht mehr ordentlichen Körper das allererste Mal, seit ich in diesem Hause war, nach ganz oben hinaufgezogen, wo mein übel riechender Strohsack auf dem Holzgestell lag. Ich habe ihn natürlich mit angehaltenem Atem und voller Angst kommen hören. Noch bevor er ganz oben war, hab ich versucht, aus dem Dachfenster zu entkommen. Aber ich war nicht flink genug. Er konnte sich plötzlich unheimlich schnell bewegen, als er meine Kammertür aufstieß und sah, was ich vorhatte. „Du Mistvieh", hat er ausgerufen, war dann sofort unter mir, hat meine Beine gepackt und mich aus der schon halb durchkletterten Dachluke zurück in die Kammer gerissen. Von da oben bin ich auf den Fußboden geknallt, und ich dachte schon, meine Knochen wären allesamt gebrochen. Dann, als Eduard ohne weiteres zu sagen, sofort angefangen hat, auf mich einzuschlagen, bin ich vor Blödheit zuerst unter die Steppdecke meines Nachtlagers gekrochen. „Es stinkt in deiner Kammer wie bei den Schweinen", hat er geschrien, als der Spazierstock, wie so oft schon, sein verlängerter Schlagarm wurde. Ja, es roch wirklich nicht mehr gut in meiner Kammer. Darin hatte er recht. Ganz plötzlich, schon vor längerer Zeit, war ich zum Bettnässer geworden. Ohne daß ich es verhindern konnte, kam es nun fast jede Nacht aus mir heraus. Die Pinkel sickerte in meinen Strohsack ein und trocknete. Und weil es noch kein neues Stroh gab, mit dem ich die Matratze stopfen konnte, mußte ich auf dem stinkenden alten schlafen.

Mit dem Rücken auf dem Stalldach liegend, sah ich in den klaren Nachthimmel zu den Sternen hinauf. Und dann tat ich wieder das, was ich immer öfter tat. Ich schloß die Augen und ließ meine Gedanken immer tiefer in die Richtung treiben, wo es schön und so friedlich ist, wie es wohl nirgendwo auf dieser Welt sein kann. Dahin wollte ich kommen, wo ich damals in meinen Fieberträumen den schwebenden Tanz der Seelen gesehen hatte. Es war jedesmal sehr schwer, das wieder vor meine geschlossenen Augen zu holen. Ich mußte alles vergessen, was um mich herum war und wo ich mich im Augenblick befand. Und dann endlich hatte ich ihn wiedergefunden, den Ort, zu dem es mich sehnlichst hinzog. Vor mir im freien Raum des Universums tanzten sie wieder, die tausend und aber tausend Seelen der Verstorbenen. Irgendwo zwischen ihnen war die Seele, die aus dem toten Leib meiner Mutter gekommen war. Nur dies konnte das Land sein, das dort, wo eines der Enden des Regenbogens die Erde berührt, sein sollte. Und dorthin möchte ich bald gehen, dorthin, wo immer und ewig währender Frieden ist.

Die Ehrlichkeitsprobe

Es war Hochsommer, Es gab viel Arbeit, und jeder im Haus mußte mit zupacken. Zwar war nach wie vor das, was getan werden mußte, überwiegend Martin und mir und dann folgend meinen Geschwistern aufgebürdet, aber auch Erna tat nun etwas, und sogar Gerda durfte sich die Hände staubig machen. Eduard allerdings, der hielt sich auch jetzt aus allem Tun heraus. Er war der absolute Herrscher in diesem Haus, und welcher König schon hatte sich jemals dazu bereitgefunden, tagaus tagein zur Arbeit zu gehen, wie Eduard es allmorgendlich tat. Nein, er hob sich von allen Herrschern, die je gelebt hatten, schon hierdurch deutlich ab. Noch mehr zu tun, etwas zu tragen, vielleicht einmal einen Teller vom Tisch zu stellen oder sogar ein Handtuch zu ergreifen und das abgewaschene Geschirr damit zu trocknen, das würde Eduard niemals in den Kopf kommen. Wir hatten manchmal bei der Einkocharbeit Mühe, an seinem Stuhl, auf dem er nach seinem Heimkommen von der Arbeit lange saß, so vorbeizukommen, das er nicht gestört wurde.

Aber diese Arbeit war ja nun auch schon bald beendet. Wurzeln, Erbsen, Bohnen, Zwetschen und so manches andere wurde in Weckgläsern oder Dosen für die lange Winterzeit eingekocht.

Oftmals, so auch heute, waren wir in der Zeit, in der Eduard auf seiner Arbeit war, nicht fertig geworden. So kam es dann, daß wir noch emsig waren, wenn er, durch die Haustür kommend, am Abend wieder sein Reich betrat. Er war, wenn er sah, daß Hasten und Unordnung um ihn sein würde, augenblicklich kaum noch ansprechbar, und jeder vermied es, ihm in die Quere zu kommen. Nur Erna, die ja mit ihm verheiratet war, konnte es wagen, ihn zu bitten, seinen Stuhl ein ganz klein wenig aus dem Raum zu stellen, wo wir rannten, rührten, schleppten und schließlich auch den Fußboden wischten, auf den seine Füße gestellt waren. Martin war schon seit längerer Zeit wieder im Hause. Ohne ihn und mich, dachte ich, hätte Eduard meine Geschwister, auf denen neben Martin und mir der nächstgrößere Teil der zu leistender Pflicht lag, wohl mit der Peitsche angetrieben, schneller Hände und Beine zu bewegen. Sehr lange war Martin, der ja im Frühsommer einmal abgehauen war, gar nicht weg gewesen. Auf irgendeinem Bahnhof hatte ihn die Polizei aufgegriffen und dann wieder zu uns ins Haus gebracht. Eduard und Erna hatten triumphiert, als Martin mit hängendem Kopf nach dem Weggehen des Schupos, der ihn gebracht hatte, in der Küche scheinbar reumütig vor ihnen stand. Es war an einem Sonntag gewesen, daran kann ich mich noch gut erinnern. Die ganze Predigt, die Vorhaltungen, Drohungen und Ermahnungen von Eduard und Erna, es niemals wieder zu versuchen, hatten nicht zu dem Tag, zu dem man Sonntag sagte, gepaßt, hatte ich damals gefunden.

Geschlagen hat Eduard Martin nicht. An ihm hatte er sowieso nur die Schienbeinbeklopfungen mit seinem Spazierstock, die regelrecht sein Markenzeichen waren, vorgenommen. Schlimmste Prügel mit dem Stock quer über das Kreuz oder sogar auf den Kopf hat er Martin aber nie verabreicht. Er war mit ihnen ja auch verwandt. Je näher man heran war an dem Blut der Familie Eduards, desto weniger hatte man unter ihm zu leiden. Erst kam er selbst, der es sich gut gehen ließ, weil er ja der war, zu dem alle aufsehen mußten. Erna kam gleich nach ihm. Sie war die Frau, die er geheiratet hatte und die ihm im Laufe eines langen Lebens charakterlich auch ähnlich geworden war. Nach Erna hatte es Gerda gut im Hause. Sie brauchte nur dann mit anpakken, wenn wie jetzt während der Einmachzeit allergrößter Arbeitskräftebedarf bestand. Ja und hiernach kam dann

Martin, der zwar wie ich viel tun mußte, der aber den schon erwähnten Vorteil genießen konnte, fast nie wie ich geprügelt zu werden. Er durfte außerdem am Tisch des reichen Bauern sitzen und dort, wenn genug in den Schüsseln war, vor mir und meinen Geschwistern, genau der Rangfolge nach, als nächster Nachschlag auf seinen Teller füllen.

Und wir, meine beiden Geschwister und ich, waren unter der Knute Eduards die, die man fütterte, damit sie lebendig blieben um arbeiten zu können. Man durfte uns prügeln, in den Keller einsperren, einen Tag lang auch die spärlichen Mahlzeiten entziehen oder wie gerade jetzt auf die Probe stellen, ob wir ehrlich waren.

Drei vollgefüllte Wassergläser standen in einer Reihe vor Eduard auf dem Tisch. „Du trinkst zuerst Heinrich", bestimmte er. „Danach trinkt dann dein Bruder, und zum Schluß soll deine Schwester das Wasser aus dem Glas trinken."

Betreten senkte Gerda, die, am Tisch sitzend, Zwetschen entkernte, den Kopf und sah vor sich auf ihre Arbeit. Sie war gut, sie hatte in diesem Hause nichts zu leiden, aber sie konnte nicht helfen. Oftmals schämte sie sich wohl, weil es ihr soviel besser ging als uns anderen, die nach ihr kamen.

„Trink endlich", forderte Eduard mich auf.

Ich nahm das Wasserglas, das bis zum Überlaufen angefüllt mit frischem Leitungswasser war, in meine Hand. Vorsichtig, um keinen Tropfen zu verschütten, führte ich es an die Lippen und trank dann Zug um Zug alles aus. Gerade in dem Moment, als ich das geleerte Glas zurück auf die Tischplatte stellte, betrat Martin mit einem neuen Korb Zwetschen die Küche.

„Dir, Martin", sagte Eduard, „schenke ich die Ehrlichkeitsprobe. Aber die beiden hier, die sollen auch noch trinken.

„Na, kommt Kinder", mischte sich Erna ein, die am Herd

mit dem Einkochen beschäftigt war, „trinkt, wenn ihr wirklich nicht heimlich beim Zwetschenpflücken welche genommen und gegessen habt, dann könnt ihr ja auch ruhig das Wasser trinken. Wasser tut keinem Menschen etwas. Nur dann ist es schädlich und man stirbt meistens daran, wenn man vorher Zwetschen gegessen hat."

Heuchlerisch gutmütig, so wie eine Hexe Kinder wohl auf den Weg locken würde, der ins Verderben führt, hatte sich ihr Reden angehört. Mein Bruder und meine Schwester haben auch getrunken. Um wieviel größer als meine eigene mußte ihre Furcht vor Erna und Eduard wegen der paar heimlich gegessenen Zwetschen sein.

Denn noch niemals hatten sie von mir erzählt bekommen, daß das Totsein nicht schlimm sein konnte, weil ich schon oft den Ort am Ende des Regenbogens, dort wo sich die Seelen aller guten Menschen, die gestorben waren, sammeln, gesehen hatte.

Auf Schrottsammeltour

Ich hatte wahrlich einen Glückstag heute. Ganz durch Zufall war ich regelrecht auf einen Schatz gestoßen. Beim Durchstreifen der Trümmergrundstücke hatte ich plötzlich vor einem hohen Maschendrahtzaun gestanden, hinter dem, ordentlich aufgestapelt, große Mengen von Flansche lagen; solche kreisrunden dicken Eisenstücke mit vier Bohrungen für Schrauben und einem größeren Loch in der Mitte, die an das Ende eines Rohres angeschweißt werden, damit später ein Rohr mit einem anderen zusammengeschraubt werden kann. Sie waren ungebraucht, aber etwas angerostet, die vielen Flansche, die da vor mir lagen. Schon den halben Vormittag hatte ich mich abgerackert, verbogenes, manchmal auch noch halb unter Trümmerbrocken begrabenes Alteisen einzusammeln und auf meinen Blockwagen zu schleppen. Altes Eisen, besser noch Bleirohre oder sogar Kupferdraht, das alles war noch immer sehr gefragt. Wenn mein Handwagen voll genug war, fuhr ich damit zu dem Schrotthändler, der mir am nächsten lag.

Alles zusammen, also Blockwagen und Beladung, mußte ich dort über eine riesige Waage rollen, und wenn der, der an dieser Waage das Sagen hatte, mir ein Zeichen gab, konnte ich meine Fracht zu dem Haufen aus krummem rostigem Eisen weiterziehen und abladen, der schon bald höher war als unser Haus.

Aber von nun an hatte ich es nicht mehr nötig, das alte krumme sperrige Zeug mühselig einzusammeln. Hier vor mir lag es zum Wegschaffen bereit; zehn oder vielleicht sogar zwanzig Blockwagen voll. Nur den Zaun, den mußte ich durchtrennen; oder wie die Kaninchen es machen, mir einen Tunnel unter der Absperrung hindurchgraben. Den Draht, aus dem der Zaun gemacht war, konnte ich nicht ka-

puttkriegen. Dazu wäre eine ziemlich scharfe Kneifzange nötig gewesen, das hatte ich gleich erkannt. Ohne mich lange aufzuhalten, habe ich deswegen damit angefangen, wie ein Hund zu buddeln.

Aber mein Fleisch an den Händen war schon bald mürbe. Da, wo ich unter dem Zaun hindurch wollte, war der Boden ziemlich hart. Ich hab mir deswegen einen flachen Stein zum Schaben gesucht, und mit dem konnte ich mich tiefer und tiefer in die Erde hineinwühlen. Ziemlich lange mußte ich graben, auf harten Sandstellen herumklopfen und schaben; aber endlich war meine Mulde unter der Absperrung hindurch groß genug. Ich konnte mich hindurchzwängen, und dann war es eine Leichtigkeit, den ersten Blockwagen mit den Rundlingen schnell vollzuladen. Jetzt mußte ich den schwer zu ziehenden Wagen über ein Stück unebene Erde vom Hinterhof eines zerbombten Hauses zurück auf die Straße bringen. Als das geschafft war, lief der Blockwagen hinter mir plötzlich ziemlich leicht. Mit meiner Fracht war ich dann auch schnell beim Schrotthändler. Der Mann war hocherstaunt über das Gute, was ich ihm da brachte. Wo ich die Flansche her hätte, wollte er von mir wissen. Aber das habe ich ihm natürlich nicht verraten. Einen Aufpreis würde er mir für jede Wagenladung zahlen, die ich zu ihm brächte. „Wenn du mit der nächsten Fuhre zu mir herspazierst, mein Junge, dann decke mit diesem Sack die Flansche zu. Es ist nicht nötig, daß jeder sieht, was du auf deinem Wagen hast."

Ich nahm den Sack und auch mein Geld, das er mir für das eben Gebrachte zahlte. Dann zog ich wieder los, um eine neue Ladung zu holen. Meine Emsigkeit war beachtlich.

Schon bald sah es da etwas anders aus, wo das gute Eisen lag. Noch an keinem einzigen Tage vorher hatte ich so viel Geld verdient, wie schon jetzt in meinem Geheimbeutel war. Dieser Tag aber war ja noch lange nicht zu Ende.

Den Blockwagen hatte ich schon wieder voll, und so zog

ich los. Ein Stück meines Weges war etwas abschüssig, deswegen lief der Wagen, leicht gegen meine Hand drängend, beinahe wie von selbst hinter mir her. Ich kam an die Straßenecke, an der ich wieder links abbiegen mußte. Und genau da, ganz kurz nur um diese Ecke, da stand ein Polizist. Meine Ladung war mit dem Sack gut zugedeckt, aber trotzdem überkam mich augenblicklich größtes Unbehagen. Umdrehen und den Blockwagen dorthin zurückziehen, von wo ich gerade kam, das wäre ja wohl zu auffällig gewesen. „Hänschen klein", pfiff ich plötzlich, mehr instinktiv als direkt gewollt, und bemerkte, daß der Schutzmann mir entgegensah und außerdem angefangen hatte, auf seinen Zehenspitzen zu wippen. Dreimal hintereinander war es ihm möglich, sich mir durch sein Wippen einmal größer und dann wieder kleiner vor Augen zu bringen, dann war ich an ihm vorbei, der Blockwagen aber noch nicht.

„Halt", klang es hart und so kurz aufgestoßen, daß es für das „l" fast keinen Platz in dem Wort geben konnte. Mein Gepfeife, das mich ihm ehrlicher erscheinen lassen sollte, war verhallt, der Wagen stand, und ich hatte mich zu ihm umgedreht. Der Schutzmann schien keinerlei Eile zu haben nachzusehen, was mein Sack, der über die Ladung gelegt war, zu verbergen hatte. Noch immer hatte er beide Daumen hinter dem Leder seines Koppels eingeklemmt. „Was ist da unter dem Sack, mein Junge", fragte er aber dann doch plötzlich. „Nichts Wertvolles, nur so'n bißchen altes Eisen", erwiderte ich fast gleichmütig.

Und nun erst, fast schon zu spät für ein gerechtes Ertapptwerden, fand ich, befreite er seine eingeklemmten Daumen, nahm die Hände vom Koppel und zog den Sack von meiner Ladung. Nackend lagen sie da, meine Flansche. Sein Gesicht wurde finster, und ich dachte, oh je, wenn der erst weiß, was ich schon alles dahinten weggefahren habe, dann wird er dich wohl sogleich noch fünf Stufen tiefer sehen wie den Verwerflichsten, den er jemals hat jagen müssen.

Es blieb mir keine Ausrede übrig. Ich sollte ihm zunächst zeigen, wo ich das Eisen hergeholt hatte. Wir haben gemeinsam meinen Wagen zu dem Schrotthändler gezogen, bei dem ich heute noch nicht war, und dem ich schon einmal durch das Vordertor eine Ladung gebracht hatte, die ich mir dann sofort von der gegenüberliegenden Seite seines Grundstücks im Alteisen wiedergeholt habe.

„Der Junge gibt an, er hätte von Ihrem Grundstück diese Flansche entwendet", sagte der Schupo zu dem Schrotthändler.

Der sah mich an, dann auf das, was auf meinem Wagen war, schüttelte seinen Kopf drei- bis viermal und tat in dem Moment wie erleichtert, als ich schon wegen seines falsch gedeuteten Kopfschüttelns in mich zusammensinken wollte.

„Und ich hab die Dinger schon gesucht", sagte er unverfroren und so gut geschauspielert, daß ich ihm für einen kurzen Moment tatsächlich glaubte, daß auch ihm zufällig genau diese Menge und Flanschgröße gestohlen worden war. Er tat dann eine Zeitlang bitterböse und drohte mir sogar für den Fall schlimme Prügel an, wenn er mich auch nur noch ein einziges Mal auf seinem Hof zu Gesicht bekommen sollte.

Allzuviel darf der sich nicht mehr leisten, sonst platzt mir der Kragen, kam es mir bei seinem scheinheiligen Getue in den Kopf.

„Sind das alle, oder fehlen ihnen noch mehr davon", wollte der Schupo wissen. „Mensch ja, die zähl ich eben durch", sagte dieser raffgierige Kerl da auch noch. Er zog, ohne sich vor mir zu schämen, den Sack ganz herunter vom Wagen, zählte die Flansche durch, tat erfreut, daß alle, die ihm fehlten, wieder da waren und zeigte mir auch gleich den Platz auf seinem Hof, an dem ich abladen sollte.

Ich war ziemlich in Rage, aber als dann alles abgeladen war, bezahlte er wenigstens mein Geschenk mit guten Worten. Plötzlich besänftigt und so, als hätte er in seiner ersten Wut auf mich zuviel geschimpft, bat er den Polizisten mit freundlichen Worten, mich doch laufenzulassen.

„Die Dinger sind in Wirklichkeit nicht viel wert, fast alle Flansche haben Haarrisse", sagte er.

Ich war ihm dankbar und hab ihm vergeben, aber der Polizist wollte mich nicht laufenlassen. Er nahm mich mit auf die Wache, dort schrieb er mein Vergehen in ein dickes Buch, bevor er mich nach Hause begleitete, weil es ihm nötig erschien, einmal ernsthaft mit meinen Eltern zu reden.

Auf dem Weg dahin hab ich gedacht, daß ich meinen Hals doch gut aus der Schlinge gezogen hatte. Denn wäre ich mit dem, der neben mir den Wagen zog, dorthin gegangen, wo ich die ganzen Flansche weggeholt hatte, dann hätte der, den ich tatsächlich bestohlen hatte, voller Klagen erzählt, wie viele ihm außer denen, die ich wiederbrachte, noch fehlen würden. Ich hätte von dem Schrotthändler, zu dem ich Ladung um Ladung hingefahren hatte, alles wieder zurückholen müssen. Mein verdientes Geld wäre weg, Mühe und Schweiß umsonst gewesen. Und außerdem würde der, den ich jetzt nach Hause führen mußte, mich als einen noch viel schlimmeren Dieb angesehen haben, als er mich wohl jetzt schon betrachtete.

Eduard war nicht zu Hause; der war noch auf seiner Arbeit, und Erna tat vor dem Schupo äußerst entrüstet. Sie würde alles versuchen, aus mir einen guten Menschen zu machen, aber in wem es drin sei, in dem sei es nun einmal drin. Ich mußte im Beisein des Schutzmannes ihr Vorgesprochenes: „Ich mach so etwas niemals wieder", wohl drei- bis viermal wiederholen. Schließlich hat sie mich in den Garten entlassen, damit ich dort die alten Grassoden, die von den Hühnern kahlgefressen waren, aus dem

182

Auslauf herausschaffen konnte, um sie später vom Grundstück zu bringen.

Der Polizist war noch eine Zeitlang bei ihr in der Küche. Aber dann ist er gegangen.

Erna rief mich ins Haus. „Du darfst dich bei so etwas doch nicht erwischen lassen", sagte sie vorwurfsvoll.

Ich öffnete die Knöpfe am Bund und am Schlitz meiner Hose, griff mit der rechten Hand in den von mir dort ans seitliche Innenfutter genähten Beutel und holte daraus das verdiente Geld hervor. Ihre Augen wurden groß. Freude war in ihrem Gesicht zu sehen. „Na, ja", sagte Erna, „hast wenigstens gut verdient; und wer kann es sich heutzutage schon erlauben, ehrlich zu sein."

Sieg über die Angst

Ganz langsam, nach und nach, waren sie mir gewachsen, die vielen dicken Eiterbeulen überall an den Beinen. Vollkommen gleichmäßig, genau in der Mitte jedes Spanns, hatte ich auch eine von diesen verdammten Pestbeulen. Die weißen Binden, die ich mir aus einem alten Unterrock Ernas selbst geschnitten hatte und mit denen ich allmorgendlich die Hungerbeulen an den Beinen umwickelte, mußte ich Abend für Abend selbst auswaschen.

Mit meinem verpesteten Fleisch, hat Erna gesagt, da wollte sie nicht in Berührung kommen. Gerade eben hatte ich aus einem dieser Geschwüre einen fast bleistiftdicken Eiterklumpen hervorgedrückt. Nun, wo der Pfropfen heraus war, drückte ich mit den Fingern rundherum um das entstandene Loch auf die hoch aufgeworfene Entzündung. Und was jetzt noch an Wässrigrotem aus dem Fleischkrater herauskam, das sah wirklich nicht so aus, wie gutes Blut aussehen sollte.

Sie ließen mich bei lebendigem Leibe verfaulen. Schon sehr bald wird wohl mein ganzer Körper eine einzige stinkende Eiterbeule sein. Dabei hatte ich schon soviel für sie getan. Die ganze Zeit seit dem Herbst 1945, als ich in das Haus von Erna und Eduard gebracht worden war, bis jetzt, Ende März 1947, hatte ich für sie immer nur gearbeitet. Berge von schmutziger Wäsche hatte ich während der Zeit gewaschen, was kaputt war, gestopft und neu gesäumt, ihren Garten und Acker umgegraben, Grassoden für die Hühner geholt und noch bis in die ersten Frosttage des vergangenen Jahres hinein zusammen mit meinem Bruder, der Schwester und Martin Bucheckern gesammelt.

Für Bucheckern konnte man Öl, das zum Braten gebraucht wird, eintauschen. Und gerade heute morgen noch habe ich zusammen mit Martin, wie schon den ganzen Winter hindurch, für sie wieder Holz aus dem Forst geholt. Martin und ich heizten das Haus, und ich, Martin und meine Geschwister hatten auch dafür gesorgt, daß sie Öl zum Braten hatten. Aber sie kannten keine Dankbarkeit. Jetzt, wo mein Fleisch immer fauliger wurde, wollte Erna mir nicht einmal helfen, die Beine mit Lappen zu umwickeln. Und außerdem ließ Eduard nun schon tagelang wieder seine Launen besonders an mir aus. Ihm paßte der neue Freund, den Gerda schon mit ins Haus brachte, überhaupt nicht. Der, den sie nun gerne mochte, war kein Engländer. Er brachte keine Wurst in Dosen und auch keine Zigaretten mit, wenn er zu uns kam. Dafür mußte er da, wo die Eingangspforte unseres Gartens war, ein großes Tor mauern. Ein Gartentor war das mindeste, was er zu geben hatte, wenn er Gerda haben wollte. Warum war er auch so dumm, ihr neuer Freund? Würde er ein paar Zigarettenkippen sammeln, hätte er das Mauern nicht nötig und wäre für Eduard so wertvoll wie es der Engländer, Gerdas vorheriger Freund, gewesen war.

Heute jedenfalls wollte ich mal wieder Kippen für Eduard sammeln. Das war der einzige Weg, etwas Kraft aus der Wut zu nehmen, die sich in seinem Körper ständig neu zusammenballte. Für die Schule war es sowieso schon zu spät geworden. Martin und ich hatten an diesem Morgen zu lange gebraucht, das Holz aus dem Wald herbeizuschaffen. Ungefähr um halb zehn erst waren wir von der Tour zurückgewesen, weil der Förster am Bahnhof mal wieder auf der Lauer gestanden hatte. Wir mußten deswegen, wie schon so oft, unsere Holzlast einen Bahnhof weiter tragen. Da stand dann zum Glück kein Posten, und so konnten wir also von dort aus nach Hause fahren.

Ganz soviel Angst wie früher hatte ich vor Eduards Wutausbrüchen schon seit einiger Zeit nicht mehr. Ich hatte *einen Weg gefunden, meine Angst vor ihm gering zu halten. Aber die Schmerzen, die er mir mit dem Spazierstock immer wieder beibrachte, konnte ich nicht aus mir herausdenken. Immer dann, wenn er mich grün und blau geprügelt hatte, habe ich versucht, auch den Schmerz so zu besiegen, wie es mir mit der Angst schon gelungen war. Aber bis jetzt waren alle diese Versuche vergeblich geblieben.*

Als er mir zuletzt den Stock über das Kreuz geschlagen hatte, hab ich abends, auf dem Strohsack liegend, mir mit all meiner gedanklichen Kraft versucht vorzustellen, daß der Schmerz überall da, wo er ihn mir ins Fleisch geprügelt hatte, etwas ganz Normales sei. Jedem Menschen tut es genau da, seit er geboren wurde, ständig so weh, wie ich dieses Gefühl jetzt verspüre, habe ich mir mit geschlossenen Augen und aufeinandergepreßten Zähnen krampfhaft einzubilden versucht.

„Er ist ganz normal, er gehört zum Leben, wie ein Mensch den Atem braucht", habe ich dann nach einiger Zeit noch zusätzlich dreimal hintereinander laut vor mich hin gesagt. Aber es hat nichts genutzt. Deutlich spürbar blieb das quälende Gefühl dort die ganze Nacht hindurch an mir, wo sein Spazierstock meinen Körper getroffen hatte. Ich konnte den Schmerz nicht so aus mir herausbringen, wie ich das mit der Angst vor Eduard tun konnte. Die Angst vor ihm in meinem Körper gering zu halten, das gelang mir dadurch, daß ich mir nach und nach, jedesmal schneller und auch in deutlichen Bildern, den Ort vor die geschlossenen Augen holen konnte, wo ich, in meinen Fieberträumen liegend, die Seelen der gestorbenen Menschen hatte schweben sehen. Ganz schnell und ohne Mühe könnte ich dahin verschwinden, wo ich es immer neu wieder als so schön empfand, daß für ein weiteres Verbleiben in diesem jetzigen Leben schon fast die Mühe des Atmens ein zu großes Opfer war.

Ja, die Angst, die hatte ich besiegt, die Angst vor Eduard und auch die Angst vor dem Sterben.

Ich war fertig mit meiner Arbeit. Beide Beine hatte ich neu mit den weißen Lappen umwickelt. Die Mumie kommt, würden die zwei größeren Jungen wieder sagen, die ab und zu dort auftauchten, wo ich jetzt hin wollte. Sie hatten recht, diese beiden, die mir seit einiger Zeit schon meinen Kippensammelplatz streitig machten. Mit den bis oben hin in weißem Tuch eingewickelten Beinen sah ich tatsächlich wie eine wandelnde Mumie aus.

Aber trotzdem sollten sie nur nicht glauben, daß ich mich vor ihnen füchtete. Es wurde Zeit, neu eine Entscheidung herbeizuführen, wer jetzt, nachdem die beiden immer häufiger vor den Tommywohnungen auftauchten, das Sagen unter uns Jungen an der Straßenecke übernehmen sollte.

Noch einmal war ich in die Küche gegangen und hatte Erna gesagt, daß ich nun gehen würde, um Zigarettenkippen für Eduard zu sammeln. „Ja, geh nur und viel Glück bei deiner Arbeit", wünschte sie mir, und so verließ ich nun das Haus.

Der Kampf der Mumie

Es war kalt. Ich beeilte mich, vor den Fenstern der Häuser zuerst einmal die Grasflächen nach Zigarettenstummeln abzusuchen. Ein guter Abend in der warmen Küche zu Hause könnte der Lohn für mein fleißiges Suchen sein, dachte ich. Eine Hand voll Kippen, vor Eduard auf die Tischplatte gehäuft, brachte Frieden ins Haus. Ja, und ich hatte auch Glück an diesem Tage. Schon nach etwa drei Stunden eifrigen Suchens und Einsammelns, wenn ein Engländer seinen Stummel auf das Straßenpflaster warf, bevor er das Haus betrat, war ein kleines Häufchen in meinen Taschen.

Plötzlich tauchten die beiden neuen Jungen auf. „Die Mumie ist auch mal wieder da", blödelte einer von ihnen, und damit war der Frieden gebrochen. Ein böses Wort brachte das andere, aber dennoch wagte keiner der beiden, mir den ersten Faustschlag zu versetzen. Und so schlief unser Streit langsam wieder ein. Keiner kam dem anderen bei einem Hechtsprung nach einer Zigarettenkippe mehr als nötig in die Quere. Das Straßenpflaster vor der Eingangstür war sozusagen für diesen Tag in eine rechte, meine Jagdhälfte, und in eine linke, die ich, ohne mit den beiden geredet zu haben, als die ihrige anerkannte, aufgeteilt worden. Die Tür des Hauses ging wieder auf, und als ich dorthin blickte, um zu sehen, ob es ein eine Zigarette rauchender Engländer war, der herauskam, sah ich die Frau, die mich vor langer Zeit zu den Reys gebracht hatte. Sie, die die Freundin meiner Mutter gewesen war, schien hier ihre Arbeitsstelle zu haben.

„Laßt mich mal vorbei, Jungens," bat sie die beiden neuen, die etwas unglücklich vor der Tür stehend, den Weg versperrten.

„Das Tommyliebchen will nach Hause gehen", hetzte einer von ihnen und fing damit nun einen Streit mit ihr an.

188

Er versperrte durch das Spreizen seiner Arme vom Körper ihr mit größter Frechheit den Weg.

Wer sie verletzte, der erhob gleichsam die Hand gegen meine Mutter. Ein kleines Stück, vielleicht nur der millionste Teil von der Größe eines Daumennagels, haftete von meiner Mutter noch an ihr, weil sie sich als Freundinnen gekannt und sicher manchmal umarmt hatten, empfand ich wie damals, als sie mich in das Haus zu Erna und Eduard gebracht hatte. Wohl erst in dem Augenblick, oder auch noch später, als ich meine geballte Faust mit aller Kraft dem niederträchtigen Hund von hinten in die Nieren schlug, mag sie mich erkannt haben. Er, der die Gemeinheit wohl schon im Verhältnis seiner Größe zu Eduard in sich trug, war von meinem Schlag gegen die Frau getaumelt. Sie stieß ihn wohl in einer Angstreaktion zurück gegen mich. Ich stolperte nach hinten und stürzte zu Boden. Und nun entbrannte zwischen uns, auf dem Straßenpflaster ringend, ein erbitterter Kampf. In mir war es, als müsse ich das, was ihn einmal zu einem Eduard machen würde, aus seinen Körper herausschlagen. So muß ich wohl für alle Umstehenden zu dem geworden sein, dem man einen Sieg wegen allzu niederträchtigen Kämpfens nicht gönnen durfte. Ich riß meinen Gegner an den Haaren und verkrallte mich mit der anderen Hand so tief in seinem Hals, daß ich meinte, ihm den ganzen Schlund herausgerissen zu haben. Er röchelte unter mir und wenn die Frau zusammen mit dem anderen Jungen mich nicht von ihm heruntergezogen hätte, dann wäre seine Seele wohl schon an diesem Abend in der Hölle; oder, wenn er doch noch dafür gut genug war, an dem Ort der tanzenden Seelen, da, wo der Regenbogen die Erde berührt, gewesen.

Sein Hals war tief aufgerissen. Zwei mindestens daumenlange Kratzspuren von meinen Fingernägeln würden wohl dazu führen, ihn für sehr lange Zeit an diesen Kampf zu erinnern. An meinen Fingern war sein Blut. „Kind, was ist aus dir geworden", sagte etwas erschreckt die Frau, indem sie mit einer Hand meinen Kopf zu sich in die Höhe drückte.

Ich wußte nicht, wie sie es meinte, was aus mir geworden war. Ich hatte mich für sie geprügelt, das sollte sie doch wohl wissen. Zur Fürsorge wollte sie gehen, hörte ich dann noch, die sollten sich die Leute mal gründlich ansehen, wo sie mich damals hingebracht hatte. So wie ich aussah, ließen die Pflegeeltern, bei denen mein Zuhause war, mich anscheinend verwahrlosen, sagte sie noch. Wir gingen dann zusammen ein Stück, weil mein Weg nach Hause in der gleichen Richtung lag, den sie zu ihrer Wohnung zu gehen hatte. Über vieles haben wir gesprochen. Darüber, wie oft ich in die Schule ging, was ich im Hause bei Erna und Eduard täglich tun mußte und über noch so mancherlei. Dann, als sich unsere Wege trennten, hat sie gesagt, sie wollte dafür sorgen, daß meine Geschwister und ich von diesen Leuten schnellstens wieder weggeholt würden.

Wir hatten uns verabschiedet, und ich war meiner Wege gegangen. Es war schon schummrig, als ich unser Haus erreichte. Martin kam gerade mit einem Sack über dem Arm und einem Messer in der Hand durch die Gartenpforte. „Hallo, Heinrich", begrüßte er mich „ich hole schnell die letzten Grünkohlstrünke für die Kaninchen vom Acker." Und ich fragte: „Ist Eduard schon da?" „Nein", gab er mir Antwort, „aber jeden Augenblick muß er da hinten um die Ecke kommen." Dabei zeigte er mit dem vorgesteckten Messer dort hin, von wo ich selbst gerade gekommen war. Martin ging weiter, und ich ging durch den Garten und dann von hinten über die Terrasse ins Haus.

„Hast dich geprügelt?" fragte Erna, als sie mich sah.

„Ja", gab ich Antwort, „es ging nicht anders. Hier sieh, so viele Kippen hab ich heute." Ich hielt ihr meine zur Mulde geformte Hand entgegen, in der Eduards Begehrlichkeiten in unterschiedlichen Längen lagen. „Der wird sich freuen", *meinte Erna, und ich häufte die Gabe dort für Eduard auf die Tischplatte, wo sein Stammplatz war.*

Ein Schlüssel wurde ins Schloß der Haustür gesteckt und gedreht. Die Tür ging auf, und ich wußte, Eduard war gekommen. Im Flur nahm er den Hut vom Kopf, zog seinen Mantel aus und kam dann, das kranke Bein schlurfend nachziehend, in die Küche.

„Hier", sagte ich, noch bevor irgend etwas von ihm zu hören war, „hier, viele Zigarettenstummel hab ich heute für dich gesammelt."

Er schien sich zu freuen. Mein Abend ohne Beschimpfungen und Prügel war mir, so sah es aus, heute ziemlich sicher. Dann ging er zu der Kellertür, öffnete sie, um seine Straßenschuhe gegen die Hausschuhe, die auf einer der Treppenstufen standen, zu tauschen. Zwei, drei Stufen nach unten bewegte er mühsam den lahmen Körper. Ich dachte, seine Laune muß wirklich gut sein, denn noch niemals vorher hatte Eduard selbst die eigenen Hausschuhe geholt. Und dann, ganz plötzlich, ist er gestürzt. Irgendwie hat er das Gleichgewicht verloren und ist die letzten Stufen der Kellertreppe hinuntergefallen.

„Oh, Gott", schrie Erna in großer Angst um ihren Mann auf. Und da schon hatte Eduard einen ausgemacht, der an seinem Unglück die Schuld trug. „Ich schlage dich tot, Heinrich", rief er von unten herauf. „Über die verdammten Schuhe, die hier alle so unordentlich herumstehen, bin ich gestolpert. Das hast du absichtlich gemacht, du Lump! Die paar gesammelten Kippen, die helfen dir jetzt auch nicht mehr."

Er war wieder hoch, das konnte ich hören. Alles an ihm war heilgeblieben, und ich wußte, daß kein bißchen eigener Schmerz seine Wut auf mich etwas abdämpfen würde. So wie ich war – zum Glück noch in der warmen Kleidung, die ich schon den ganzen Tag anhatte – bin ich durch die Terras-

sentür und dann durch die Gartenpforte wieder verschwun-
den, durch die ich gerade vor 10 Minuten nach Hause ge-
kommen war. Ein kleines Stück lief ich, da traf ich Martin,
der mit seinen Kohlstrünken vom Acker kam.

„Was ist", fragte der, „wo willst du hin."

„Ich gehe für immer weg", gab ich ihm Antwort. „Ich
komme nicht mehr zurück."

„Aber sie bringen dich wieder, genau wie sie es mit mir
gemacht haben", sagte er. „Irgendwo greift dich die Polizei
auf, bringt dich zurück zu uns, und dann schlägt Eduard dich
tot, weil er dich noch niemals leiden konnte."

„Sie kriegen mich nicht", sagte ich und ging weiter.
„Nein", rief ich dann nochmals, halb zu ihm umgedreht,
zurück, „sie werden mich niemals finden; ich gehe vielleicht
in das Land, das du da suchen mußt, wo der Regenbogen die
Erde berührt."

Weiteres zu dieser Geschichte wird unter dem Buchtitel:
„DIE STRAßE IN DER IMMER SONNTAG IST" erzählt.
Und wenn Ihnen meine Sprache gefällt, in der diese gerade
beendete Geschichte hier geschrieben steht, dann sollten Sie
auch das demnächst erscheinende Buch lesen, das den Titel
trägt: „Das Schiff der Verdammten"